初中化学教师专业发展研究

主　编　肖志国　邹　国　董学正
副主编　张　静　张晓燕　刘　怡
　　　　李文平　王　建

中国原子能出版社

图书在版编目（CIP）数据

初中化学教师专业发展研究／肖志国，邹国，董学

正主编．--北京：中国原子能出版社，2020.10

ISBN 978-7-5221-0970-1

Ⅰ．①初…　Ⅱ．①肖…②邹…③董…　Ⅲ．①中学化

学课一师资培养一研究一初中　Ⅳ．①G633.82

中国版本图书馆 CIP 数据核字（2020）第 193118 号

内 容 简 介

　　课程改革的有效实施和素质教育的贯彻落实需要一支高素质、专业化的教师队伍做支撑。本书基于教师专业能力的提升和自我发展的需求，从初中化学教师专业发展的知识储备和专业发展的技能修炼两方面进行阐述。内容包括：学科教学专业知识、初中化学课程内容与教材分析、初中化学教学策略与教学设计、初中化学教学技能与实验教学、化学教学测量与评价、教学研究与教师专业化发展。本书内容丰富、条理清楚，力求系统完整、简明实用，是一本值得学习研究的著作。

初中化学教师专业发展研究

出版发行　中国原子能出版社（北京市海淀区阜成路 43 号　100048）

责任编辑　张　琳

责任校对　冯莲凤

印　　刷　三河市铭浩彩色印装有限公司

经　　销　全国新华书店

开　　本　787mm×1092mm　1/16

印　　张　11.75

字　　数　211 千字

版　　次　2021 年 3 月第 1 版　2021 年 3 月第 1 次印刷

书　　号　ISBN 978-7-5221-0970-1　　　定　价　62.00 元

网址：http://www.aep.com.cn　　E-mail：atomep123@126.com

发行电话：010－68452845　　　版权所有　侵权必究

前　言

　　课程改革的有效实施和素质教育的贯彻落实需要一支高素质、专业化的教师队伍做支撑。教师的专业化发展在我国历来受到高度重视，但今天我国教师的专业化水平与社会的现实需求和时代的进步，特别是与教育改革发展的需要还存在着较大的差距。

　　初中是化学教育的启蒙阶段。我国基础教育新课程改革的不断深化，对化学教师提出了更高的要求，因为只有高素质的教师，才能保证高水平的教育质量。提高教师的素质，关键是立足教学实践一线，促进教师专业能力的发展。

　　21世纪的化学课程以知识与技能，过程与方法，情感、态度与价值观为培养目标，体现了时代性、基础性和选择性，兼顾学生志趣和潜能的差异和发展需要。21世纪的化学课程标准和教科书与过去的中学化学教学大纲和教材有着很大的差别，倡导启发式、探究式、讨论式、参与式教学，强调知识获得的过程，强调过程体验。要求教师帮助学生学会学习，营造独立思考、自由探索的良好环境；适应社会和科技进步的要求，充分发挥现代信息技术作用；使学生在情境中通过活动不仅获得一定的学科知识，更重要的是在学科实践的体验中理解科学知识，养成科学态度以及学会如何使用学科领域中的工具和技术，培养研究与交流的技能，成为更有效的终身学习者。

　　在上述背景下，为了满足广大初中化学教师专业发展的需求，作者撰写了《初中化学教师专业发展研究》一书。全书共分为6章，包括学科教学专业知识、初中化学课程内容与教材分析、初中化学教学策略与教学设计、初中化学教学技能与实验教学、化学教学测量与评价、教学研究与教师专业化发展。

　　本书具有如下特色：

　　(1)本书以教育教学理论、学科理论、课程理论为主线，运用辩证唯物主义认识论、科学方法论和具体学科方法，结合教学理论、学科理论和课程理论，重新构建初中化学教师专业发展的理论体系，尽可能反映和揭示化学学科教育教学的基本规律。

　　(2)本书以教育教学理论、学科理论、课程理论的核心内容为基础，充分吸收当前这些理论的最新研究成果,突出了以科学探究为主的教学策略,引入了基于观念建构和情感培养等先进的教学策略,提供了一些优秀的教学案例,力图使读者在生动的实例中学习和掌握基本的化学教学原理和方法。

　　本书的撰写凝聚了作者的智慧、经验和心血,在撰写过程中参考并引用了大量的书籍、专著和文献,在此向这些专家、编辑及文献原作者表示衷心的感谢。由于作者水平所限以及时间仓促,书中难免存在一些不足和疏漏之处,敬请广大读者和专家给予批评指正。

编　者
2020 年 8 月

目　录

第1章　学科教学专业知识

化学是在原子分子水平上研究物质的组成结构、性质及其应用的一门基础自然科学,其特征是研究物质和创造物质。化学不仅与我们的日常生活密切相关,还与生命科学、空间科学、材料科学、环境科学、能源科学、信息科学等领域在相互交叉、相互渗透、相互促进中协同发展,在解决人类社会发展所带来的问题中发挥着重要作用。同时,化学学科对于学生核心素养的形成与发展,有着其他学科不可替代的作用。

1.1　化学学科的发展与特点

人类在创造和发展自然科学的同时不断孕育着科学观念,化学科学作为自然科学的一个主要分支,从其诞生伊始,人们的物质观、变化观等化学观念就伴随其中。

现代化学正处于急剧变革的过程,这种变革主要特点是:从基本上是描述性的过渡到推理性的;从主要是定性的过渡到定量的;从主要是宏观的过渡到微观的。

微观与宏观的联系是化学不同于其他学科最具特征的思维方式。建立对微观世界的想象力是化学教学不同于其他课程的特点,也是其他课程不能代替的。因此,物质的结构与性质之间的联系构成了化学学科内在的逻辑结构,物质的结构决定了物质的性质,物质的性质反映了其结构;物质的性质决定了其存在、制取和用途等,同时又被后者所反映。这一逻辑结构是认识化学科学最严谨、最简洁的思路。在化学教学中体现这一思路,就要求先给学生呈现反映物质结构的有关化学概念、原理等理论性知识,然后在理论知识的指导下,学习具体的有关物质性质、存在、制取等事实性知识。这一思路保证了化学学科知识的逻辑性和系统性。

1.1.1 古代宏观水平

人类早期的化学教育是伴随着对自然现象的朦胧认识开始的。早在旧石器时代,原始人就已认识并学会了利用火,这是人类利用自然力来进行化学反应的最早发现。人类用火来烧制熟食、制作陶瓷、冶炼金属,并逐渐学会了酿造、染色等,通过生产和生活实践,了解物质之间能相互作用、发生变化。公元前2世纪,炼丹术在古代中国盛行,后来传入欧洲,演化为炼金术,成为近代化学的雏形。古代化学处于宏观水平、经验水平、定性水平,体现着物质转化、物质性质、物质分类的观念。

但是,在这种以生产活动为主的实用化学时期,人们只对由化学变化得来的物质(如铜、铁、玻璃等)的应用更感兴趣,而对其中的化学知识(为什么会发生这些变化?)了解却不多,如古希腊的科学大师亚里士多德(Arstotle,公元前384—前323)所提出的五元素是:水、气、火、土和以太。

由于对化学变化规律的认识还处于比较低级的阶段,古代的化学活动主要是凭借经验来进行的,而这些活动实质促进了实验仪器和化学变化手段的更加多样化。

综上所述,古代化学教育有如下几个特点:①古代的化学教育并不是在学校里实施的,而是采用师傅带徒弟的办法,包括家庭式教育和作坊式教育。②古代化学教育主要是工匠阶层的实用化学教育。一方面是用化学教育与人类生产生活相结合,从做中学,注重经验知识的传授与学习;另一方面却因为传授方式的保守性,致使化学知识不易进行交流和推广,从而也阻碍了化学教育的进步。③随着炼金术、炼丹术的兴起,化学教育已从师徒口授、言传身教进入利用文字符号和书面材料进行化学知识传授的过程。这为化学教育步入学校之门提供了必要的条件。

1.1.2 近代过渡时期

16世纪初,由于欧洲工业的兴起,使得炼金术走向实际运用。

近代化学产生的一个重要标志与当时英国著名的化学家波义耳(Robert Boyle)的工作有关。波义耳最大的贡献是把实验方法引入化学研究领域,对元素进行了科学的定义,特别是强调化学学科的独立性等,这标志着化学终于成为一门独立的科学。

在元素概念建立之后,法国化学家拉瓦锡(A. L. Lavoisier)通过实验仪器对燃烧现象进行研究,提出了氧化学说,使化学实验研究方法进入了一个质量守恒的时代。建立了质量守恒定律和氧化定律。

这一时期,欧洲还出现了一大批化学家,如普里斯特利(英)、罗蒙诺索夫(俄)、舍勒(德)、道尔顿(英),他们各自在不同的领域对化学变化进行了卓有成效的实验研究,提出了众多令人折服的化学新理论。在工业化时代,化学家们带着他们的学术成果(以论文形式)在欧洲的各个国家中宣扬,带动了化学学习的氛围;而那些有志于学习化学的"自学者"也不辞劳苦地到各地拜师访友,促进了留学制度的形成。化学家们的著作自然成为良好的化学教育素材,例如波义耳的《怀疑派化学家》(1661年)对几代的化学家的成长产生过重大的影响,而拉瓦锡的《化学纲要》(1789年)等在化学教育史上可以称得上是经典的教科书。

19世纪初,近代原子论的建立,随后分子学说的提出,使原子分子论得以确立,门捷列夫于1869年发现元素周期律,使化学学科具有了严密的体系。

近代化学的主要的特点是在定性研究的基础上注重定量研究,研究水平由宏观向微观过渡。

1.1.3 现代微观水平

进入20世纪后,化学科学得到巨大发展,在认识物质组成、结构、合成测试等方面都有很大进展,人们通过可见光谱、紫外光谱、核磁共振谱等谱学方法研究物质结构,通过电子显微镜观察微观结构,量子化学理论的发展,使人们对化学微观世界的研究日益深入。

纵观化学学科发展的进程,它有两条发展主线:

其一是跌宕起伏、有声有色的化学史实,它是由古往今来的化学大师们上演的一幕幕生动感人的历史剧,其中有成功的喜悦,也有失败的迷茫,不妨称之为明线。

其二则是隐藏在这些生动史实背后的化学哲学思想和科学方法的发展史,称之为隐线。

1.1.4 化学符号语言

化学符号的思想萌芽于古代希腊和中国,在几千年的漫长岁月里,化学符号随着化学学科的发展不断变化与完善,1813年瑞典化学家贝采里乌斯

(J. Berzelius)在《哲学年鉴》发表了他定义的化学符号,这是化学符号演变过程中的一次巨大变化,这套符号为现代化学语言的形成奠定了基础,今天所用的化学符号已经是全世界通用的化学语言。

归纳化学学科的发展,可以看到化学科学在宏观水平、微观水平、符号语言水平不断向前发展,"宏观—微观—符号"是化学学科独具的特点。

化学学科不仅从定性描述科学向定量的精密科学过渡,而且学科发展呈现高度的分化与综合,19世纪末形成的四大传统化学分支,随着化学科学内部以及化学与其他科学的交叉与渗透,其研究范围越来越宽,国务院规定的化学科学有七个二级学科,加上化学与生命科学、化学与材料科学形成的两个重要的交叉学科——生命化学和材料化学。化学大体分为九大类:①无机;②有机;③分析;④物化;⑤高分子;⑥核化学与放射性化学;⑦环境化学;⑧材料化学;⑨生命化学。

1.2　化学教学理论

现代的主要学习理论流派有行为主义学习理论流派、认知学习理论流派、人本主义学习流派、建构主义流派等。本节着重介绍一些现代重要的化学学习理论。

1.2.1　化学三重表征教学理论

1.2.1.1　约翰斯顿的理论思想

苏格兰格拉斯哥大学的约翰斯顿(A. H. Johnstone)教授1982年在"宏观与微观的化学"(Macro and micro chemistry)文章中,首次提出化学教学要在宏观水平和微观水平进行,1991年他又在"为什么科学那么难,事情不是它看起来那样"(Why is science difficult tolearn? Things are seldom what they seem)文章中,倡导化学教学要在"宏观—微观—符号"认知水平同时教学,从而使化学教学变得清晰明了。

约翰斯顿教授认为,化学专业人员和化学教师能不假思索地在"宏观—微观—符号"三种水平之间自由转换,为什么学生感觉学习化学困难,因为传统化学教学通常在宏观和符号水平进行,造成学生的认知停留在这两个水平,难以对化学微观世界建构科学的认知,因此不能在三种水平之间自由转换。化学教学在"宏观—微观—符号"水平同时进行,才是有意义的、真正的化学教学。

1.2.1.2　化学三重表征理论

"宏观—微观—符号"化学三重表征已经逐渐成为最有影响力、最具创造性的思想之一,三重表征已经成为化学教育研究的理论基础,指导着世界各地的化学教学与课程、教材编制者的工作。约翰斯顿的化学教学理论引起了国内众多学者的关注,我国化学教育研究者将其思想理论编译为三重表征教学理论。化学三重表征包括三重外部表征和三重内部表征,其是指宏观知识、微观知识及符号知识外在的呈现形式和在头脑中的加工与呈现形式。有实证研究发现,学生对一些化学核心观念的理解存在相异构想的原因是缺乏对三重表征的理解,这就意味着在中学化学教学中要促进学生对三重表征的理解。

从微观结构解释宏观现象是化学学科独有的思维方式,化学学科的特点决定了化学学习中,学习者要从宏观、微观和符号水平对物质及其变化进行认知。加强"宏观—微观—符号"教学,使学生学会从微观水平分析宏观现象,依据宏观现象揭示微观本质,并用符号语言进行表征,实现在"宏观—微观—符号"认知水平的自由转换。化学三重表征教学能促进学生化学核心观念的建构,是观念建构教学必不可少的指导理论。

1.2.2　现代认知学习理论

1.2.2.1　布鲁纳的认知结构教学论

美国教育心理学家布鲁纳(Bruner J. S.)以智力发展为主线来研究儿童认知过程,在此基础上建构他的认知加工教学论。他的关于"任何学科都可以用某种形式教给任何年龄阶段的任何人"(1960)的假设曾引起人们广泛的兴趣。布鲁纳认为儿童的认知发展过程是由动作描述阶段、图像描述阶段和符号描述阶段组成的,要促进儿童智力发展,必须重视学科的基本知识结构、学科研究问题的基本态度和方法。

他从多个方面论述了学科结构的重要性。其一,布鲁纳强调指出学习过程是一种积极的认知过程。其二,他非常重视人的主动性和已有经验的作用,重视学习的内在动机与发展学生的思维,提倡知识的发现学习。

布鲁纳的认知结构教学论的优点:①有利于激发学生的潜力;②有利于

加强学生的内在学习动机;③有利于学生学会学习;④有利于知识的保持与提取。不足:对于基础比较差、思维比较慢的学生来说,发现教学法就可能会造成更大的困难。

布鲁纳的认知发现说对中学化学教学是很有启示的,中学化学陈述性知识较多且散乱,网络便于记忆和将来解决问题,必须掌握化学学科的基本结构,按照布鲁纳的学科结构即学科观念的观点,提炼中学化学所蕴含的化学观念,以形成化学学科的基本结构。

1.2.2.2 奥苏贝尔的认知同化教学论

美国现代认知教育心理学家奥苏贝尔(D. P. Ausubel)提出了独具特色的"有意义学习"理论,即"认知同化说(又称认知—接受)"。他认为同化论的核心是:学生能否学得新信息主要取决于他们认知结构中已有的观念,也就是新旧知识能否达到意义的同化。有意义的学习是通过新信息与学生认知结构中已有观念的相互作用才得以发生的,这种相互作用的结果导致了新旧知识意义的同化。有意义学习:指符号所代表的知识与学习者的认知结构中已有的适当观念建立起非人为的、实质性的联系。

奥苏贝尔还认为学习是通过接受而发生的,学习的主要内容基本上是以定论的形式传授给学生的。对学生来讲,学习不包括任何发现,只要求他们把教学内容整合到自己的认知结构中,以便将来能够提取与运用。

依据新旧观念的层次水平的不同,奥苏贝尔提出了三种同化学习方式,即下位学习、上位学习、组合学习。对于讲授教学,奥苏贝尔提出了逐渐分化的原则,他认为应该先传授统摄性最广的概念,然后逐渐细化。中学化学学科中统摄性最广应该是化学核心观念。

1.2.3 建构主义学习理论

建构主义是学习理论中行为主义发展到认知主义以后的进一步发展。建构主义认为,世界是客观存在的,但是对世界的理解和赋予意义却是每个人自己决定的。我们是以自己的经验为基础来建构现实。由于个体的经验以及对经验的信念不同,于是对外部世界的理解也各不相同,所以建构主义更关注如何以原有的经验、心理结构和信念为主来建构知识,强调学习者的认知主体作用,又不忽视教师的指导作用,教师是意义建构的帮忙者、促进者,而不是知识的传授者与灌输者。学生是信息加工的主体,是意义的主动建构者,而不是外部刺激的被动接受者和被灌输的对象。

1.2.3.1　建构主义的知识观

建构主义强调知识的动态性,学习者原来的知识经验决定着其对知识的建构,并随着认知程度的加深而不断地被改写。具体到化学学科中,化学科学知识是化学研究者通过科学探究获得的,以对客观化学现象进行描述、解释和预测,在化学科学探究过程中化学科学知识将不断地被修正和完善。

1.2.3.2　建构主义的学习观

建构主义学习观,强调知识的主动建构,学习者对知识的建构是在具体的情境中通过与他人交流合作对知识进行建构。因此观念建构的化学教学,必须分享学生原有的知识经验,以便其自主地对知识进行建构,要注重让学生在具体的情境中相互协作,以利于化学观念的建构。

1.2.3.3　建构主义的教学观

建构主义的教学观,主张教学应以学习者为中心,使学生积极主动地建构知识,在教学过程中关注学生已有的生活经验和知识背景,关注学生的实践活动和直接经验,关注内容的革新和探究式教学的运用,关注学生的自主探索与合作交流,关注学生的学科情感和情绪体验,使学生投入丰富多彩、充满活力的学习过程中去,使学习更加具有价值,富有意义。建构性教学过程不同于传统的三中心(教师中心、课堂中心、课本中心)教学,而具有以下特性:切身性、参与性、情境性、自主性框架性、问题性、随机性、合作性、体验性、开放性。在建构性教学中,学生是知识的积极建构者;教师是学生建构知识的支持者、辅导者和高级合作者。

上述建构主义的知识观、学习观、教学观的相关论点新颖而科学,其中对于知识本质的论述,对学生建构知识过程的论述,对于教学方法与策略的论述,将为观念建构化学教学的实施起到不可替代的作用。

1.2.4　元认知理论

100 多年前,许多教育家就提出了"思维的思维"(thinking about thinking)这一观点,20 世纪 70 年代中叶,美国的心理学家弗拉维尔(J H. Flavel)正式提出了元认知理论(metacognition),他认为元认知是对认知的认知。元认知的提出可以使我们从更深的层次上理解人类学习和解决问题的过程,把握学生进行有效学习的实质,因而它对于教育教学实践具有重要的指导意义。近年来,随着终身学习、学会生存、使学生学会学习等一些新教育理念的提出,元认知已成为世界范围内教育心理学研究的热点问题之一。

1.2.4.1　元认知的组成部分

元认知是指人类对自身认知活动的认知,即认知主体是自己的认知能力、不断被调整、修正后的认知策略,又会成为元认知知识的内容。在认知活动中,元认知知识、元认知体验、元认知监控和认知行为组成了一个互动的统一体,共同实现对认知活动的监控、反馈和调节作用。

1.2.4.2　元认知理论对化学学习的启示

对于人类学习过程的理解,不同的学习理论有着自己的观点。以往的学习理论的一个共同特点就是:在研究学习者的学习能力时,都很注重记忆力、注意力、想象力以及思维能力等在学习过程中的作用,把学习理解为是对认知材料进行感知、记忆、理解、加工的过程。但元认知理论认为,学习过程并不仅仅是对所学的材料进行感知、记忆、理解、加工的认知过程,而且同时也是一个对该过程进行积极监控、调节的元认知过程。认知过程进行的效果如何,在很大程度上取决于认知过程的运行水平。元认知在学习过程中起着认识学习对象和自己的学习能力、确定学习目标、选择学习方法、评价学习结果,根据对学习结果的评价调整学习目标和学习方法的作用,它是完成学习任务的重要保证,在学习中起着非常重要的作用。对元认知的掌握就形成了元认知能力,学生具备了元认知能力就学会了如何进行学习。所以,要提高化学教与学的效率,在化学教学中,我们不仅要培养和训练学生的观察能力、记忆能力、思维能力等,而且必须把培养和发展学生的元认知能力作为一项重要教学任务来完成,要运用元认知理论,以学生为主体,充分调动学生学习化学的主动性和积极性,通过引导学生反思、进行化学学习方法教育、化学问题解决、强化学生对学习化学结果的自我评价等途径培养学生的元认知能力,使学生从"学会"向"会学"转变,从而提高自主学习化学的能力。

1.3　化学核心素养

进入新世纪以来,世界特别是中国在各方面的变化之快超乎人们的想象。这种快速变化的特点表现在教育领域,那就是改革速度加快。教育改革的本质是要适应社会的发展。核心素养正是对未来社会所需要的人才培养规格的集中体现。

1.3.1　核心素养

核心素养是个体在面对复杂的、不确定的现实生活情境时,分析情境、发现问题、提出问题、解决问题、交流结果过程中表现出来的综合性品质。它关注个体解决真实的专业领域和现实生活问题时所需的关键能力或必备品格。核心素养强调个体学会学习的意识和能力,面对不良结构问题时创造性地运用知识的能力和批判性思维,以及解决问题过程中的交流、沟通与合作能力。它不是简单的学科知识与技能,而是学科或跨学科知识和技能、过程与方法、情感态度和价值观的整合。

1.3.1.1　核心素养的提出

当前,我国基础教育课程与教学改革正进入一个新的发展阶段:一方面立足我国"立德树人"的根本要求,另一方面充分借鉴国际教育改革的先进经验,确立"核心素养"这一观念,将之作为新一轮改革的出发点和归宿。

当前对于核心素养框架的研究,无论是国际组织还是特定国家,均指向于 21 世纪信息时代公民生活、职业世界和个人自我实现的新特点和新需求。因此,"核心素养"的别称即"21 世纪素养"(21st century competences)或"21 世纪技能"(21st century skills)。例如,OECD 的核心素养框架的总名称为"为了新千年学习者的 21 世纪技能和素养"(21st century skills and competences for new millennium learners);欧盟委员会(European Commission)提出的核心素养框架则是建立在前者研究的基础上,其名称为"为了终身学习的核心素养"(key competences for life-long learning),二者均旨在应对 21 世纪信息时代对教育的挑战。

世界上研究核心素养最著名的国家为美国,其教育部与苹果、微软等公司联合发起的"21 世纪技能伙伴协会"(Partnership for 21st Century Skills,P21),以及思科、英特尔和微软赞助成立的"21 世纪技能教学和评估委员会"(Assessment and Teaching Commission of 21st Century Skills),它们均指向于 21 世纪信息时代的新特点和新需求。人类进入 21 世纪以后,信息通信技术(ICT)出人意料地迅猛发展和广泛运用,使人类社会快速迈入信息时代,这与 20 世纪的工业时代形成鲜明对比。如果"20 世纪素养"对应的是工业时代,那么"21 世纪素养"对应的则是信息时代。

当重复性的常规工作被计算机所取代的时候,人类就必须从事计算机不能代劳和胜任的复杂工作,也因此必须发展计算机所不具备的复杂能力,即以专家思维和复杂交往能力为核心的"21世纪素养"。如今,旧职业面临快速淘汰,新职业不断涌现。伴随全球经济的继续演进,从业者在其工作生涯中预计将更换七八次工作。因此,未来教育既要为创新驱动的职业做好准备,更要为尚未诞生的职业做好准备,具有广泛迁移性的核心素养因而成为教育的首要目标。

信息通信技术和全球化使人的社会生活发生深刻变革。同时,信息时代为个人自由或自我实现提供了前所未有的机遇与挑战。正是信息时代经济新模式和职业新形态、社会生活的新特点和个人自我实现的新需求,对传统的工业时代的教育提出了挑战,核心素养概念应运而生。

1.3.1.2　核心素养的内涵及整体框架

核心素养由"核心"和"素养"两个关键词组成。

"核心"可以理解为处于中心位置的、关键的、最主要的、最基本的、决定性的、最基础的或共同的等。

什么是素养呢？根据《辞海》的解释,素养有以下四个方面的含义:①修习涵养;②平素所供养;③素质与教养;④平时所养成的良好习惯。事实上,素养是一个不断发展和演进的概念,其内涵伴随着时代对于个体的要求而不断发展。其最初含义是"能读会写的能力",随着时代的发展,其内涵发生了深刻的变化。素养已经从最初一系列彼此孤立的技能组合(如简单的识字、算术)拓展为一种支持个体可持续发展的关键能力,素养的获取和应用方式强调情境适应性,它也逐步被视为个体持续性发展的动态过程而非静态结果。它具有鲜明的时代特征,反映的是个体适应社会要求的功能性特征,与社会期许紧密相关。首先,素养是基础领域的基本知识和能力;其次,素养综合而非单一。这里将"素养"拆分为"素"和"养"两个字来理解。"素"可以理解为一贯的,在各种不同情景下能够持续稳定表现的;"养"可以理解为教养或修养。所以,从字面上看,核心素养指的是一种关键的教养,这种教养能够在不同环境中发挥持续稳定的作用。

核心素养概念一经提出,立即得到教育界乃至社会各界的广泛认同,尽管很多人并不了解其真正的内涵,这可能与核心素养的表述用词中带有中国文化的话语方式有关。立德树人与核心素养带有浓厚的民族文化色彩。

综上,可以做如下简明归纳:在个体终身发展过程中,每个人都需要许多素养来应对生活的各种情况,所有人都需要的共同素养可以分为核心素养以及由核心素养延伸出来的素养。其中,最关键、最必要、居于核心地位的素养被称为"核心素养"。

我国经过几十年的教育改革,素质教育成效显著,但与立德树人的要求还存在一定差距,主要表现在:重智轻德,单纯追求分数和升学率,学生的社会责任感、创新精神和实践能力等较为薄弱。为此,学生发展核心素养,已成为当前我国基础教育课程改革乃至整个基础教育改革的一个热点。构建核心素养体系便是试图从顶层设计上解决这些难题。它的构建使学生发展的素养要求更加系统、更加连贯,重点要解决两个问题:一是把对学生德智体美全面发展总体要求和社会主义核心价值观的有关内容具体化细化,转化为具体的品格和能力要求,进而贯穿到各学段,融合到各学科,最后体现在学生身上,深入回答"培养什么人,怎样培养人"的问题;二是为衡量学生全面发展状况提供评判依据,引导教育教学评价从单纯考查学生的基本知识和基本技能转向考查学生的综合素质。

参考国际上核心素养的理论和实践,我国教育部在充分调研的基础上,以科学性、时代性和民族性为原则,以培养"全面发展的人"为核心,使得我国学生核心素养目标的整体框架研制成功了。框架总共分为三个方面,六大素养,十八个基本要点(简记为"三六一十八")。三个方面包括:文化基础(细化为人文底蕴与科学精神)、自主发展(细化为自主学习与健康生活)和社会参与(细化为责任担当与实践创新)。六大素养继续细化为十八个基本要点:(1)理性思维、批判质疑和勇于探究(对应科学精神);(2)人文积淀、人文情怀和审美情趣(对应人文底蕴);(3)乐学善学、勤于反思和信息意识(对应自主学习);(4)珍爱生命、健全人格和自我管理(对应健康生活);(5)社会责任、国家认同和国际理解(对应责任担当);(6)劳动意识、问题解决和技术应用(对应实践创新)。教育部的核心素养理论框架具有权威性和纲领性,是指导各学科构建分科核心素养框架模型的依据。

核心素养体系的构建,将成为顺应国际教育改革趋势,增强国家核心竞争力,提升我国人才培养质量的关键环节。因此,必须清醒地认识到,中国学生发展核心素养的研究,其根本出发点是全面贯彻党的教育方针,践行社会主义核心价值观,落实立德树人的根本任务,突出强调社会责任感、创新精神和实践能力,促进学生全面发展,使之成为中国特色社会主义合格建设者和可靠接班人。

1.3.1.3 核心素养的培养与发展

学生的核心素养的培养与发展,必须将有关理论同现行的教育教学实践相结合。学生核心素养模型的建立归根结底是为了促进教育模式的转型,从过去重视教学当中学科知识体系的科学性和完备性,转向重视学生核心能力和素养的生成;从过去重视学生知识结构而忽视学生能力培养,转向促进学生能力提升和全面发展。本着这个目的,学生核心素养需要与教育教学实践相结合,尤其是要在核心素养理论的指导下,促进课程体系的改革与发展,这样才能让学生的核心素养得到不断发展与提高。

在国际教育改革与发展的浪潮中,各国际组织都推动研究学生核心能力和素养的模型计划,世界各国也逐渐建立起以学生核心能力和素养为中心的新课程体系。分析国际上学生核心素养与课程体系之间的关系,可以发现世界各国如何利用学生核心素养体系指导教育教学的实践,为我国建立基于核心素养的课程体系提供借鉴。

依照学生核心素养与课程体系相对独立的程度不同,世界各国和地区的核心素养体系在教育教学实践领域的应用模式可以大致分为三类。第一类模式:核心素养独立于课程体系之外,由专门的机构进行研制和开发,之后逐渐与课程和教学相融合的模式,代表者有美国、澳大利亚和中国台湾地区等;第二类模式:在国家的课程体系中规定了要培养学生哪些核心能力和素养,并指导课程的内容与设置,代表国家主要是芬兰;第三类模式:学生的核心能力和素养没有单独的体系做出规定,但国家的课程体系当中的许多部分都体现了培养学生核心能力和素养的宗旨,代表国家主要是日本和韩国。

基于核心素养的现代课程体系应至少含有以下四个部分。

(1)具体化的教学目标,描述了课程教学所要达到的目标,这一教育目标一定是具体的,落实到要培养学生何种核心能力和素养。

(2)内容标准,即规定了核心学科领域(如数学、阅读、科学等)学生应知应会的知识与技能。

(3)教学建议,即教育者应提供的教育经验和资源,以保证受教育者的学习质量。广义上的教学建议外延相当广泛,也被称为"教育机会标准"或"教学过程标准"等,可以包括课堂所讲授内容的结构、组织安排、重点处理及传授方式,以及学校公平性、教师专业发展、教育资源的分配等。

(4)质量标准,即描述经历一段时间的教育之后学生在知识技能、继续受教育的基本准备以及适应未来社会等方面的能力上需要达到的基本水平。

根据国际经验和我国现有课程体系的特点,上述提到的这四个方面的内容和学生核心素养模型应该有以下关系:具体化的教学目标和质量标准是学生核心素养的具体体现;而内容标准和教学建议的内容设定旨在通过学科的教学促进学生核心素养的形成。质量标准是教学结果导向的标准,内容标准是教学过程导向的标准。过程标准要促进学生核心素养的形成,结果标准要体现核心素养的具体要求,两者结合才能够使得新课体系实现培养学生核心素养的目的。

1.3.2　学科素养与化学学科素养

学科是知识或学习的一门分科。人类的活动产生经验,经验的积累和消化形成认识,认识通过思考、归纳、理解、抽象而上升为知识,知识在经过运用并得到验证后进一步发展到科学层面上形成知识体系,处于不断发展和演进的知识体系根据某些共性特征进行划分而成学科。学科是科学知识体系的分类,不同的学科就是不同的科学知识体系。

1.3.2.1　学科素养

学科素养是一个宽泛的学科涵养概念,是指学习者个体在某一学科领域通过系统的专业教育与自我研修而形成的专业品格和关键能力,包括从事专业活动的基础性能力(如专业表达能力、批判性思维能力、信息素养与反思能力等)和综合性素养(如学科思想与方法、专业知识与技能的掌握等)。对学科素养的理解和界定,需要考虑学科固有的本质特征和学力诉求。以数学为例,其学科素养不仅是掌握算术法则、计算技巧与基本的数理知识,更重要的是通过研究符号与数字的关系,理解数字背后的概念,掌握相关理论法则,形成演绎推理、归纳推理和类比推理等思维方式或数学思想,并用以理解和解释相关现象与关系、解决和处理现实生活中的具体问题。可见,学科素养超越了学科知识和能力的意蕴,包括掌握学科思想、学科基本理论和基础知识的理论素养,学会利用学科方法与思维方式的方法论素养,合理运用学科知识与原理解决实际问题的实践素养以及尊重客观规律、追求真理的严谨态度与科学精神的品格素养。

对学生学科素养的培养,通常基于学科教育与养成教育实践。一方面,课程教学需要针对学科特点有目的地培养学生的知识、能力和综合素质;另一方面,学生需要具备深度学习的心向和学力,积极主动内化知识、习得能力,通过深度思考与研修、形成科学的思维方式和合理的素养结构。不难理解,学生深度学习能力的发展与其学科素养的培育密切相关,深度学习的发生离不开学习个体的学科背景;而学科素养的培育在很大程度上需要通过深度学习来实现,即需要学习者通过思考、探究、推理、反思等深度学习过程的直接和间接的学习体验与感悟,形成个体的知识结构、专业智慧和解决问题的实际能力以及稳定的学习品格。

1.3.2.2　化学学科素养

化学作为一门科学学科,在学生素质发展中的功能和作用是其他学科无法替代的。化学学科的科学素养是从化学的视角出发,对自然、社会和化学学科存在与发展的特有的品质和能力。它是一种综合性的科学品质,也是维系一个人成长发展和成为合格的社会建设者所必不可少的基本素质。化学学科素养,也可理解为化学学科中科学素养的简称。化学学科素养简单地说就是公众对化学的理解程度,其重点在于观念而不在于学生记住的知识的多少。它强调的是公民在化学知识、化学研究方法、化学应用、观念和态度方面具有的修养,反映了一个人对化学科学领域中核心内容的掌握和应用水平,以及在已有基础上不断提高自身科学素养的能力。化学学科素养主要包括化学基础知识、化学实验基本技能、研究和思维的基本方法、化学学习能力、化学科学品质等。

化学学科素养的内涵可以从四个方面去理解:基于化学视角认识物质的知识与方法;基于化学视角认识化学反应的知识与方法;基于化学学科的思想方法,获取化学新知的能力;基于学科视野,对社会生产生活中的化学问题敏锐发现、乐于探究、善于表达的意识和能力。

1.3.3　化学学科核心素养

化学是一门自然学科,是人们认识大自然、认识客观世界、培养科学精神、培养理性思维的必由通道。化学的运用,在推动社会物质生产、提高人民生活质量、提升国家综合国力等各个方面占有举足轻重的地位。因此,化学学科是基础教育培养学生核心素养的重要支撑学科之一。

1.3.3.1　化学学科培养核心素养的功能定位

化学学科根据自身学科的特点以及学科育人方面的优势,在核心素养的总目标框架下,为核心素养的培养承担如下任务:(1)科学精神与人文底蕴;(2)自主学习与健康生活;(3)责任担当与实践创新。

将前面所提到的六大素养的基本要点进行整合,研制出结构化的化学核心素养框架模型,如图 1-1 所示。该模型是化学学科在核心素养总目标的框架下,对自身核心素养贡献价值的一种学科整合与重塑。该模型从三个方面,五个基本要点对整体核心素养目标提供支撑。各基本要点和具体内容见下图所示。

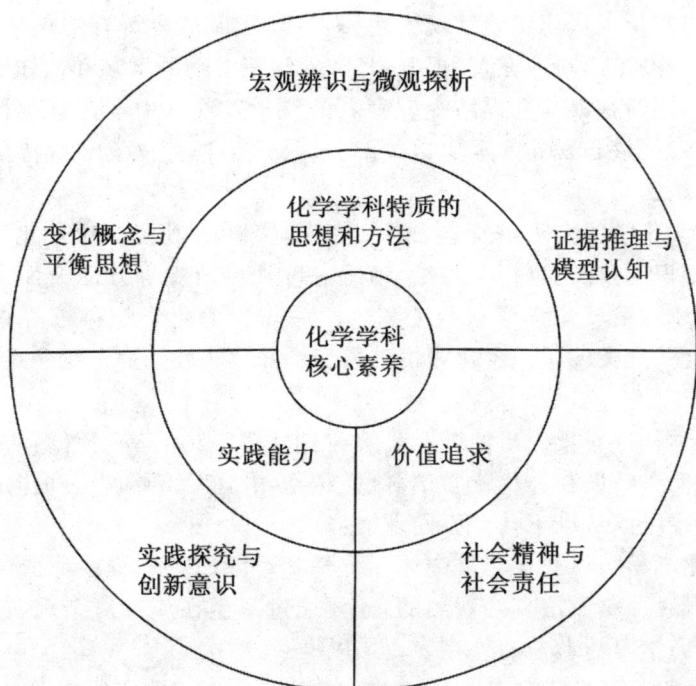

图 1-1　化学学科培养核心素养模型

　　化学学科核心素养框架模型是培养核心素养总目标的单学科方案,是化学学科尽己所能的对核心素养总目标的单科贡献与支撑。化学核心素养框架在核心素养总目标体系中显示自己独特的价值,它将核心素养总目标和化学学科连接起来,是核心素养目标下化学课程标准制定的依据,是引领核心素养目标下化学教学的指导性文件。

1.3.3.2　化学学科核心素养与传统意义上的化学学科的关系

　　化学学科核心素养是化学学科最具学科本质的素养,不会因为时代或国界的变化而改变;是化学学科固有的关键素养,不是其他学科素养所能替代的;是学生借助化学学习过程形成的解决实际问题所必需的最有用的化学知识、最关键的化学能力、最能满足终身发展的化学思维。化学学科核心素养具有关键性、稳定性、独特性、生长性和实践性等特征。因此,化学学科核心素养是指学生通过化学学习在头脑中留存的,对化学科学的本质、特征、价值的基本概括性认识。它虽然不是具体的化学知识,但它统率着一般化学知识,对学生的终身学习和发展都有重要作用。它不是具体的化学基础知识,而是具体知识与原理经过反复提炼而形成的化学知识的核心和精髓;它能引领学生从化学角度观察物质世界,从而形成特有的化学思维;化学学科素养经过不断地完善、提升,且随着认识事物的增多和认知水平的不断提高,会逐渐在根本上提高受教育者的科学素养。中学化学学科核心素养是学生发展核心素养的重要组成部分,是学生具有化学学科特质的关键能力和品格。

从中学化学的实际出发全面考察,我们认为,学生通过中学化学课程的学习,在知识与技能、过程与方法、情感态度和价值观等方面全面发展过程中可以形成和发展化学学科核心素养。中学生的化学学科核心素养包括"宏微结合""分类转化""变化守恒""模型认知""实验探究""绿色应用"等六个方面。

化学学科核心素养与传统意义上的化学学科内容有着密切的关系,开放性真实问题情境在评价化学学科核心素养中有着重要价值和作用。它们的关系至少可以从以下几个方面理解:

(1)化学学科核心素养是个体在化学学习和教育过程中形成或培养起来的内在品质,是无法直接观测的,需要通过学生在应对复杂现实情境,参与相应探究学习活动中的外在表现加以推断。

(2)化学学科核心素养是个体在与各种复杂现实情境的持续互动中,不断解决问题、创生意义的过程中形成的。应对各种复杂开放性的现实情境,不仅对学生提出了素养要求,也是学生化学学科核心素养形成和培养的途径和方式。

(3)评价学生化学学科核心素养,必须要依托复杂的、开放性的真实生活情境。学生在学校学习中所"获得"的化学学科知识或技能,之所以很难甚至无法迁移到现实生活中去,关键就在于学校学习活动所依存的情境被过于人为简化和抽象,丧失了和现实生活的连接。

(4)化学学科核心素养的形成、培养和评价,无法也不可能完全脱离化学学科内容。个体只有具备系统的、结构化的化学学科基础知识和基本技能,才能深刻理解特定任务情境,明确问题,形成假设,解决问题。

1.3.3.3 化学核心素养理论的教学意义

核心素养目标聚焦人的素养形成,核心是"人的发展"。因此,核心素养教育需要超越学科中心的思维定式,实现从"学科本位"到"人的发展"的聚焦转变。我国素质教育改革几十年,从精神实质上说,一直在向着这个方向努力。核心素养教改,是这种改革的延续。十年树木,百年树人。核心素养教改,从顶层设计出发,横跨基础教育的所有阶段,贯彻落实核心素养总目标。因此,一方面,对于核心素养的理解,不能局限于具体的学科,应该从核心素养总目标的大视野中审视化学学科教育,在核心素养总目标下贡献本学科的独特价值,从而为核心素养总目标的达成添砖加瓦;另一方面,也要清醒认识本学科自身的特点,立足于本学科,通过本学科的学习,形成核心素养中的某些要素,从而实现化学学科的育人价值。

上述两个方面都很重要,原因有两点:第一,要有大局观。没有大局观,对核心素养的认识就不会清楚,也就谈不上培养核心素养。第二,对化学学科本身的价值的认识要清晰。核心素养不可能凭空达成,它必须紧紧依靠各学科并以各学科为基础。培养核心素养,要警惕和防止学科虚无主义的态度。总之,要处理好核心素养的大局和化学学科教育之间的关系。

具体对初等化学的教学而言,核心素养大局下的化学教学,从学科教学本身的特点出发,需重视如下几个关键性问题。

第一,着力培养学习兴趣。

初等化学是化学教育的起始阶段,承担着启蒙的责任。作为启蒙阶段的化学,要把培养学生的学习兴趣作为首要的目标。初三学生正处于外向兴趣发展的关键期,这时候如果能够很好地发展学生的学习兴趣,对后续的学习将起到事半功倍的效果。在心理学上,将学习兴趣分为暂时兴趣和持久兴趣。"初三化学的开始阶段,教师可通过有趣的化学实验、有趣的问题、有趣的授课、有趣的活动等方式,激发学生的暂时兴趣。当暂时兴趣建立之后,教师可通过控制课程的难度、培养与学生之间的良好关系、增加和学生之间的互动、提高授课的吸引力等方法,将学生的暂时兴趣固定下来,形成化学学习的持久兴趣。持久兴趣一旦确立,就能为后续的教学提供良好的情趣基础,有利于培养学生自主学习的习惯与能力。

中国学生核心素养内涵的三个方面都与学习兴趣有着密不可分的关系。当学生对学习感兴趣,能够持久地学习和钻研一个学科,不管这个学科是人文学科还是自然学科时,都有利于增强学生的文化基础、自主发展的能力和参与社会的能力。同时,兴趣也能发生迁移。在初等化学的启蒙阶段,培养化学学科兴趣,不仅会提升学生的化学学科素养,还能将这种素养迁移至其他领域,从而对提高学生的全面综合素养发挥作用。

第二,重视实验和探究。

化学是一门以实验为基础的科学,这是化学教育的基本共识。从化学发展的历史来看,化学学科能够发展到今天的水平,化学实验起了主要的作用。早期的炼金术士,在毫无理论指导的情况下,盲目地将各种矿物混合加热煅烧,积累了对物质性质的感性认识,这些感性认识资料为后来化学成为一门科学奠定了基础。因此,从化学学科本身的发展逻辑来看,化学实验具有学科学习的基础方法论意义。在化学学习过程中,对物质性质的感性认识是形成化学概念和原理的前提条件。通过对感性材料的抽象概括而获得的概念原理，是坚实可靠的。相反，纯文本的学习是没有说服力的，因为缺乏事实证据。而要获得事实证据，主要的方式就是化学实验。此外，化学实验对发展学生的认知能力、思维能力、自主学习能力、发现问题和解决问题能力以及实践动手能力都具有不可替代的作用。这些能力和素养正是核心素养目标的重要内容。

从科学精神培养的角度来看，化学实验和探究对培养学生的理性思维（基于证据进行推理、质疑和批判精神）、尊重事实的科学精神等方面具有不可替代的方法论意义。传统的化学教学，依靠的是知识权威（教师和课本）而不是事实本身，这样就会造成学生盲目地相信权威。由盲目相信权威的成员所组成的社会，存在着系统隐患，这个方面的教训仍然历历在目。中国文化绵延几千年，一直没有产生出科学体系，民族文化中科学元素稀缺，这是近代中国衰弱不振的重要原因。改革开放以来，中国加快了对西方科学技术文化的学习，卧薪尝胆、虚心学习，才有了中国今日的崛起。有鉴于此，党中央提出立德、树人的教育方针，在核心素养总目标中，旗帜鲜明的提出培养人文底蕴与科学精神，两者并重，不可偏废。化学作为自然科学之一，必须在培养学生科学精神方面承担起应有的责任，应该勇于担当，当仁不让。

第三，培养学科认知方式。

每一门学科都是一扇通向世界的窗户。不同的学科观察和解释世界的角度不同，这为核心素养的培养提供了丰富的营养。化学学科认知方式的独特性表现在两个方面。

其一，化学学科是通过看得见、摸得着、测得到的宏观物质世界去推测看不见、摸不着和测不到的微观物质世界，简称为"由宏观到微观"。在化学发展的初期，人们并不了解微观世界（分子和原子等）。但是，通过对宏观物质的观察和实验探究，获得了一些感性材料，甚至能够获得一些规律，比如化学反应的定比定律和倍比定律。那么，如何解释这些宏观的现象和规律呢？此时各种理论模型就应运而生，由此将化学的思维引入微观世界。借助于模型建构（对未知事物的一种合乎事实的想象），人们认识到的微观世界是由各种微小的、质量恒定的分子和原子构成的。这种借助模型建构而认识事物的过程称之为"模型认知"。在化学中，从宏观现象到微观认识，这种学科认知方式，是培养学生模型认知能力的极好素材，体现了化学学科思维的独特性。独特性就是稀缺性，稀缺就体现出价值。化学学科所培养的模型认知能力，能够迁移至其他学科或其他领域，有助于学生在纷繁复杂的事物面前寻找到规律，有助于发展学生的更广泛的认知能力，这是化学学科对培养学生核心素养的一大贡献。

其二，与物理学科重视逻辑推理不同，化学学科重视实证。这种重视实证的学科素养被称之为"证据推理"。化学学科探究未知事物，通常都是在复杂的环境下进行的，因此，影响判断的变量都很多。比如在一个看似简单的反应体系中，往往存在着一系列的竞争性反应，而每一个竞争性反应能否取得优势，又和反应体系中一系列的变量有关，而随着反应的变化，这些变量也在发生变化。所以每一个看似简单的化学反应，实际上都是复杂的变化的总结果。正因如此，在化学中要推理出一个结论，简单的逻辑推理往往不能独立胜任，这时候就要运用实证思维，事实到底是怎样要由实验结果说了算，实验是检验真理的唯一标准。在化学中，纯粹的逻辑推理，往往会导致错误的结果。比如，随着反应物浓度的加大，反应速率逐渐加快。如果按照这样的逻辑推理下去，浓硫酸和金属反应置换出氢气的速率就应该比稀硫酸快。但是，通过实验就会发现，浓硫酸不仅不能和铁、铝等金属置换出氢气，甚至常温下根本看不出反应的迹象。这样的事例大量存在。可见，重视实证是化学学科的重要特征，实证思维是化学学科认识复杂物质世界的主要手段。化学学科思维是复杂思维，而不是简单思维，这种复杂思维是科学思维的高级阶段，化学教育界应该引以为荣，而不是引以为烦。人的生活环境是复杂的。因此，做人做事都要学会复杂思维和实证思维。化学学科的实证思维，有助于培养学生在复杂情景中掌握做人做事的科学思维方法。这是化学学科对核心素养培养的另一大贡献。

第四，引导学生自主学习。

学会自主发展、形成自主发展能力是核心素养目标中重要的一环。而自主发展的重要内涵之一就是要学会自主学习。所谓自主学习，就是在自己的兴趣、意愿和志向的引领下，调动各方面资源进行学习和探索。学生在学校的学习，其自主性主要表现为对学科的兴趣、对问题的探究，在此基础上逐渐形成对某些领域的整体兴趣，进而能够不断深入和扩展学习范围，最终确定自己人生奋斗的方向。自主学习的品质主要表现为善学好问、乐于思考、有所发现（学习过程中的发现或者是超越前人的发现）、不断扩展、不断深化、形成定向、确立志向。学会自主学习是一个人是否成才的关键，也是一个人立足于快速变化的社会的关键。因此，化学学科或其他任何学科都具有培养学生自主学习能力的责任，这是核心素养总目标对所有学科的要求，化学学科具有培养学生自主学习的深厚潜力。在初等化学中，化学实验和探究活动对学生具有极大的吸引力。通过化学实验或探究活动，能有效地引导学生自主学习。初三学生正处于神经系统容易兴奋的发展阶段，极易被外界的新奇事物所吸引。初等化学的启蒙教学正好处于学生形成外向兴趣的关键期,应该抓住化学实验和探究活动发展学生自主学习能力的机遇,大力培养学生自主学习的能力。在传统的学科本位教学中,初三化学过度地强调文本学习,教学中充斥了大量的记忆、背诵等机械学习,把一门生动活泼的探究课程变成了一门暮气沉沉的背诵课程,活活地扼杀了学科魅力。例如,在初等化学中,化学符号的数量是有限的。在平时的教学中,这些符号实际上会反复出现,学生经过反复练习,慢慢就能非常熟识,没有必要通过死记硬背一次性地完全掌握。总之,化学学科要培养学生的自主学习能力,需要少一些死记硬背,多一些实验和探究。

此外,要持续地培养学生自主学习的能力和习惯,还需要从课程、教学和课外三个方面系统地考虑。好的课程与好的教学,能够循序渐进,让学生逐步掌握学科的关键概念和原理,而不是一步到位地强迫学生硬性接受。化学中绝大部分概念都具有发展性,要逐步地、适合学生当前能力水平地、分阶段地发展学科重要概念。应该优化认知阶梯。好的认知阶梯,能够激发学生的自我成就体验,有助于使学生获得自信。如果学生觉得化学很难学,那么放弃的概率就很大,自主学习的发展就会受阻。有调查显示,很多初中生害怕化学计算和有关物质结构的内容,这和教学的认知阶梯设计不当有很大关系。化学计算技能要分阶段逐步掌握,不宜一步到位。物质结构的内容相对比较抽象。由于教学中的重记忆内容、重背诵知识、大量化学符号集中出现,这些不当的教学策略,是导致学生物质结构学习受阻的重要原因。通过系统设计、合理分散难点、控制教学难度是培养学生自主学习的稳定性和持久性的有效方法。此外,引导学生自主学习,还需要给学有余力的学生介绍合适的图书,组织合适的课外探究项目,开阔学生视野。

1.4 化学核心观念的理论建构

1.4.1 化学核心观念的内涵

1.4.1.1 化学核心观念的界定

化学核心观念是指学生通过化学学习,在深入理解化学学科特征的基础上所获得的对化学的总体性的认识,具体到中学化学教学中,化学核心观念是学生在化学学习中建构的,具体表现为个体主动运用化学思维和方法分析事物和解决问题,化学核心观念既不是化学事实性知识,也不是化学概念和原理,化学核心观念的抽象性和概括性处于更高的水平。

1.4.1.2　化学核心观念的内容

基于化学核心观念的视角(将在下一节进行论述),结合国内外对化学核心观念的界定,中学化学的核心观念应该包括:元素观、微粒观、变化观、能量观、平衡观,结构性质观、实验观、分类观、模型观、科学本质观、化学价值观。下面分别逐一进行介绍。

1. 元素观

世界上的物质都是由元素组成的,元素是组成物质的基本成分。一百多种元素组成了世界上的数千万种物质;每一种元素对应于一类原子,由于原子不容易发生变化,所以元素不容易发生变化;通常我们见到的物质千变万化,只是原子的重新组合,在化学变化中原子和元素不变(种类不变、质量守恒);元素的性质随着原子核外电子排布呈现周期性变化的规律,元素周期表是这一规律的具体体现形式。

2. 微粒观

物质世界是由分子、原子、离子等微观粒子构成的;微观粒子很小,它们的体积和质量我们无法用常规的量器度量,也不方便用常规的单位表示;微观粒子本身是有能量的、不断运动的、彼此有间隔的;在构成物质的微观粒子中,原子是最为基本的,它既能直接构成物质,又能先构成分子或离子,再由分子、离子构成物质,并且在一般条件下物质发生化学变化时,分子、离子会发生化学变化,而原子保持不变;微观粒子之间存在着相互作用,原子间通过强弱不同的相互作用(化学键、范德华力等)相互共存或结合成分子。

元素观和微粒观是对世界本原的回答,同时体现了化学学科有别于其他学科的独特的元素视角和在原子、分子层次上研究物质的组成、结构、性质及变化的具有定义作用的特征,可以涵盖化学元素,元素周期表(律),原子分子、离子,化学键和分子间作用力(微粒的结合方式和运动状态)。物质的多样性取决于构成的微粒及其结合方式(结构决定性质),生命的化学元素基础等主题。

3. 变化观

物质是不断变化的,变化是有层次的。物质变化的层次随着外界条件的不同而不同,人们通常据此将变化分为物理变化、化学变化、核变化等;化学变化是化学研究的重要内容,其本质是化学键的断裂和形成;化学变化伴随着能量的变化,并以光、电、热等形式表现出来;利用化学变化人们可以获得或消除某些物质,可以储存或释放能量,控制变化的条件,可以使化学变化向着人们希望的方向进行。

化学变化观体现了化学的核心是各种各样的化学变化,同时与物理变化和核变化相区分,可以涵盖各种类型的化学反应及其发生的条件,化学反应的宏观现象(沉淀、气体、温度、颜色等),化学反应原理(活化能、能量效应、化学平衡、化学反应速率及其影响因素等),生命体内的物质变化(化学与健康)等主题。

4. 能量观

化学科学主要研究化学反应中的能量变化或转化,化学能以多种途径与其他形式的能进行转化,并直接参与到整个自然界的能量循环之中,化学科学在能源的开发和利用方面发挥着重要作用;不管是宏观物质还是微观粒子都具有能量,宏观物质化学反应中表现出来的能量变化是微粒作用力发生变化的集合体;化学键的强弱用能量来衡量,由于化学物质微粒间作用方式的不同,化学键的划分类型不同,故能量衡量的角度也就不同。

能量观可以和物理、生物中的能量概念相联系,这不仅体现了学科间的联系,还可以让学生对能量观的理解更加丰满,化学中的能量观可以涵盖原子、分子、电子等微观粒子的能量,化学键的键能,物质的稳定性,化学反应的能量效应、化学能与热能、光能和电能的转换,化石燃料等主题。

5. 平衡观

化学反应的限度在于反应物不能完全转化为产物,从严格意义上来说自然界中的反应都具有一定的限度,并不能完全转化,最终会处于平衡状态。化学平衡存在于可逆反应中,反应物转化为产物的过程中产物也在转化为反应物,并且两个方向进行的速率是相等的;反应条件的改变会使平衡发生移动,勒夏特列在总结大量经验事实上提出化学平衡移动原理,在工业生产中应用广泛;弱电解质存在电离平衡。盐类水解的本质是水的电离平衡被破坏,难溶物质在水中存在沉淀溶解平衡。

6. 结构性质观

微粒间作用力使物质具有了特定的微观结构,物质的结构决定物质的性质,物质的性质反映物质的结构,这种认知方式是化学学科所特有的,人们根据性质需要来设计物质的结构,化学主要研究原子、分子、物质聚集态的结构与性质。

7. 实验观

实验是人类探索未知、发现规律验证推测的重要实践活动;化学实验是人类认识物质、改造和应用物质、推动化学科学不断发展的主要手段;实事求是、不畏艰辛、持之以恒是对待实验工作的科学态度;科学严谨、系统设计、安全环保是进行化学实验的基本保障;全面地观察、论录实验现象,科学地分析,解释实验结果,将观察与思维紧密结合是完成化学实验必需的基本方法;技术的进步促进了实验手段的更新,从而极大地推进了化学科学的发展。

实验观会出现在物理、化学、生物等学科的学习中,体现了自然科学的共性,体现了人类活动的本质是实践的,实践具有直接现实性、自觉能动性和社会历史性。化学实验是人类实践活动的基本形式之一,全面观察和记录实验现象,基于实验证据说话体现了直接现实性;提出问题、猜想与假设、制订方案、进行实验、收集证据、解释与结论、反思与评价、表达与交流等探究过程体现了自觉能动性;实验器材、实验技术和实验方法的发展体现了社会历史性等。(观察—问题—假设—实验)—规律—理论—预测—实验—(观察—问题—假设—实验)的循环体现了实验在科学发展和科学学习中的重要作用。

8. 分类观

分类是一种科学的思维方法,是人们认识事物的一 种重要手段;分类所依据的标准不同,分类结果就不一样。通过分类可以更好地认识和把握同类事物的本质;对化学物质可以从多个角度如元素组成、微粒间作用等进行分类;对化学反应可以从得失电子、元素组成等角度进行分类。分类观也会出现在物理、化学、生物等学科的学习中,因为分类是一种基本的思维方式和研究方法,在不同学科中强调不仅体现了自然科学的共性,还可以使学生对这种思维方式掌握得更好。在中学化学学习中,有对研究领域的分类(无机化学、有机化学、化学反应原理等)、有对化学物质的分类(单质、化合物、混合物等),有对化学反应的分类(化合反应、分解反应、置换反应、复分解反应、氧化还原反应等)。总之,分类观的提出对化学学习是很重要的。

9. 模型观

模型观念有以下内涵:模型是为了反映客观存在,对于同一客观事物可建立不同模型,模型将被不断地修正和更新,中学阶段涉及模型观的知识理论,如原子结构理论、化学键理论、晶体结构理论等。

10. 科学本质观

化学作为一门基础自然科学,其中的化学概念、原理、理论与模型是为了描述、解释和预测客观存在,基础化学教学应注重学生科学本质观建构,以便冲破思维的禁锢,对化学科学知识进行质疑,在提升全民科学素养的同时着力培养创新性人才。

科学本质观是需要在物理、化学、生物等理科教育中都被强调的重要核心观念,这样才能有效落实提高学生科学素养的科学教育主旨,科学教育的完整性才能得到彰显,自然科学发展的基本特征才能得以体现。另外,科学教育的研究表明,学生很难在"做科学"和探究活动中理解科学本质和科学探究,教师必须采用外显的方法帮助学生反思他们的活动,这是学生理解科学本质和科学探究的最好方法。基于此,在中学化学中提出和外显科学本质观是很有必要的。

11. 化学价值观

化学是在原子、分子水平上研究物质的组成结构、性质、转化及其应用的一门基础学科,其特征是从微观层次认识物质,以符号形式描述物质,在不同层面创造物质;化学不仅与经济发展、社会文明的关系密切,也是材料科学、生命科学、环境科学、能源科学和信息科学等现代科学技术的重要基础;化学在促进人类文明可持续发展中发挥着日益重要的作用,是揭示元素到生命奥秘的核心力量;化学科学在解决人类所面临的自然和社会问题方面起着关键作用;化学学科能够增进人们对物质世界的认识,对丰富人类的文化有着实质性的贡献;倡导绿色化学,实现自然与社会的可持续、和谐发展是化学科学的价值追求。

1.4.2 确定中学化学核心观念的视角

1.4.2.1 化学学科本体的视角

化学学科本体的视角即化学学科的研究对象、研究层次、研究方法、研究目的,化学学科的基本内容和基本特征,化学家探索"物质及其转化"的历程——化学史。化学作为一门相对独立的学科,且被认为是一门中心的自然学科,必然有其自身独特的一面,化学学科的本体是选择和确定中学化学核心观念必须要考虑的最根本的视角。

1.4.2.2　辩证唯物主义哲学及科学哲学的视角

这主要是由哲学与自然科学的普遍性与特殊性的辩证关系决定的,也是落实我国《基础教育课程改革纲要(试行)》中提出的"逐步形成正确的世界观、人生观、价值观"培养目标的必然要求。哲学的根本问题是思维和存在、意识和物质的关系问题。原子、分子、元素、无机物、有机物等是对世界本原及物质世界图景的回答,使得人类对物质世界的认识从物体推进到原子、分子层次,并推进到对生命的起源及本质的认识。化学学科的发展受哲学思想的指导,同时也对人类的思想意识和思维方式产生了重要作用,即便是在无科学可言的炼金术时期也使得人们从思想上追求世界的本原回归到能触、能闻、能嗅、能尝的物质;科学的元素概念正是波义耳脱下蒙在化学身上的唯心主义的外衣,在唯物主义基础上建立的;恩格斯在评价道尔顿的原子论时认为,它能给整个科学创造一个中心;对科学来说,存在某种预先假设的,本质的和必然的东西,像证据、观察、理论、解释、证实等,即那些被称为科学的本质的东西。

1.4.2.3　世界科学教育的发展趋势

我国的化学教育课程改革是我国科学教育改革的一部分,也是世界科学教育改革大潮的一股细流,不可避免地要审视世界科学教育的发展趋势。从国内外对化学核心观念的研究可以看出,国内外的化学教育都在强调核心观念的建构。从国际科学教育的角度来看,也都在强调提高学生的科学素养、培养学生的科学本质观、注重学生的科学观念的建构。《美国 K12 科学教育框架》(2012)更是在书名中就提出"Crosscutting Concepts and Core Ideas"(跨学科概念和核心观念),并在内容中列出了七个跨学科概念和四个学科领域(物质科学,生命科学,地球与空间科学,工程、技术与科学应用)的核心观念。

1.4.2.4　化学与其他自然学科的联系

在基础教育阶段,化学、物理、生物、地理等自然科学共同构成完整的科学教育课程体系,不能过分强调化学与其他自然学科的区别,反而应该注重化学与物理、生物、地理等学科的联系,这样才能更好地实现化学教育的目标和科学教育的目标。事实上,在 16 世纪之前是没有独立的化学科学的,现在的化学、物理、生物统归于自然哲学;20 世纪以来,化学与物理学特别是量子力学结合起来,促进了量子化学的发展,使得化学成为实验与理论并重的学科;现在各自相对独立的化学、物理、生物、地理等又相互交叉渗透得越来越密切,产生了物理化学、生物化学、化学生物学、地球化学、天体化学等学科领域,化学学科的中心地位日益显现。因此,不得不在中学化学教学中注重化学与其他自然学科的联系。

1.4.3　化学核心观念的价值

简单地将化学观念的具体内容记住并不能有效地形成化学核心观念,只有学生亲身体验化学知识的发现过程和应用价值,感悟到化学知识中蕴含的思想、观点和方法,才能将知识转化为观念。所谓"观念建构"教学是指在化学观念的引领下,使学生通过高水平的思维活动,深刻理解化学知识,并通过不断反思、概括、提升,促进化学核心观念的形成。

1.4.3.1　认知论价值

1. 具有持久价值

美国心理学家卡特尔(Cattell)把智力分为晶体智力和流体智力,其中流体智力会随着年龄的增长而减退,晶体智力则不会随年龄的增长而减退。学生建构的化学核心观念作为晶体智力具有持久价值,学生始终能从化学科学的视角认识事物,能依据元素观分析物质的组成,能依据能量观分析化学反应中的能量变化。

2. 具有迁移价值

知识的迁移按其自动化程度可分为低通路迁移和高通路迁移,高通路迁移是将某一情境下习得的抽象知识运用到新的情境中,学生建构的化学核心观念具有高通路迁移价值,例如结构性质观的结构,当学生了解到二氧化硅晶体中原子以共价键相连,使得二氧化硅硬度很大、熔点很高,再学习其他原子晶体之时,学生就会思考会不会有类似的性质。

3. 发展思维能力

观念建构的教学能够有效地激发学生深层次的思维活动,增进对知识的深刻理解。学生在建构化学核心观念的过程中,为了深入理解和掌握所学知识,需要对学科领域中那些最具学科特征的事实,概念和原理进行深入的探究和思考,使自己的理解和思维达到高层次的抽象概括水平。

在学习了大量金属元素、非金属元素单质及其化合物的事实性知识基础上，将物质元素观、物质变化观、能量观作为元素化合物知识的聚合器，学生归纳物质的组成，物质之间的转化规律、物质转化过程中的能量变化，促进学生对元素化合物知识的深层次理解，促进思维能力的发展。

4. 促进有意义学习

化学核心观念的结构可促进学生有意义的学习，在学习质量守恒定律时，机械记忆参加化学反应的物质总质量等于生成物质的总质量，认知比较肤浅而不能理解微观本质，强调元素观、微粒观及变化观的建构，在微观水平分析反应过程中的元素守恒、原子守恒，使学生的认知深刻而有意义。

1.4.3.2　教学论价值

1. 促进学生学习方式的转变

化学核心观念是化学知识背后的思想和观点，是对化学知识深层次的挖掘，它具有体验性和内隐性，不可能通过机械记忆的学习方式来获得。因此，在化学教学中实施"观念建构"教学所带来的最大变化，首先是学生学习方式的转变，这种转变是从根本上对"知识本位"教学模式下的接受式学习的超越。

2. 促进教师专业发展

化学教师要意识到教学内容深度和广度的变化，教师自身需要建构高水平的化学核心观念，从更高的学科理论水平驾驭中学化学教学，教师成为化学教学的研究者，从而促进教师专业发展。

3. 初中、高中化学教学衔接

初中化学课程内容和高中化学基础型课程内容（必修课程）、拓展型课程（选修课程）内容是螺旋式上升的，学生对化学核心观念建构的水平也是螺旋式上升的，以学生化学核心观念的建构作为教学线索，将初高中的化学事实性知识，化学概念和原理进行整合。

4. 中学和大学教学衔接

目前中学化学的内容层次与大学化学的内容层次有很大的脱节，大学的教学内容大部分都是以化学理论呈现的，而中学化学大部分都是具体的事实性知识，中学阶段化学核心观念的建构有利于学生今后更好地接受大学化学理论的学习。

5. 精简课程内容

在 21 世纪的课程与教学中知识内容的日益增长,使得科学教育不能教给学生所有的科学知识,化学核心观念建构的教学为学生提供聚焦知识的核心概念,以化学核心观念作为核心统领中学化学课程内容是精简课程内容的有效途径。

1.4.4　化学核心观念建构的机制

化学核心观念的形成既不可能是空中楼阁,也不可能通过大量记忆化学知识自发形成,它需要学生在积极主动的探究活动中,深刻理解和掌握有关的化学知识和核心概念,在对知识的理解、应用中不断概括、提炼而形成。

一方面从所需要的素材来看,必须有合适的、能有效形成化学核心观念的核心概念以及能形成这些核心概念的具体的化学知识;另一方面,从形成的过程来看,必须充分调动学生思维的积极性,使学生在积极主动的探究活动中,深刻理解有关的知识,并通过具体应用,不断提高头脑中知识的概括性水平。化学核心观念是化学观念体系中最本质的,它需要在不断的学习、思考和实践中而逐渐丰富、完善和发展。

1.4.4.1　化学核心观念的建构过程

1. 化学事实性知识的记忆

化学学习从具体知识点或实验事实开始,通过教材阅读、教师讲解、化学实验活动等方式,学生对化学事实性知识进行记忆,虽然学生能在当前情境中理解所学知识,但是不能迁移应用到其他学习情境中,学生对化学知识的认知处于较低水平。

2. 化学概念和原理的理解

随着化学事实性知识的不断积累,学生意识到很多化学事实可以用相同概念或原理解释,在反思概括过程中逐步理解化学概念和原理;另一方面,学生将化学概念和原理迁移应用到化学事实性知识学习中,从而达到对化学概念和原理的深入理解。

3. 化学核心观念的建构

学生运用化学概念和原理来分析和解决化学问题,并将化学概念和原理进行分类整合,在此过程中逐渐建构化学核心观念;另一方面学生将化学核心观念迁移应用到化学事实性知识、化学概念和原理的学习中,从而提升化学核心观念建构的水平。

1.4.4.2　影响观念建构的因素

1. 教师核心观念建构的水平

教师不具备清晰的化学核心观念,或者化学核心观念的建构水平低,致使化学核心观念建构的教学处于低层次的水平,以致学生的学习倾向于对知识的机械记忆。当教师核心观念建构的水平处于很高水平,他能够从学科高度驾驭化学教学,融会贯通地使用教科书中的知识,在教学中对知识进行选择与重组,使学生理解知识的内在联系,形成化学学科的认知结构,从而促进学生化学核心观念的建构。例如讲解氧化还原反应时,教师能合理运用化学四大基本反应类型、原子结构等知识,分析四大基本反应与氧化还原反应的关系,以原子结构从电子得失(转移)角度讲解氧化还原反应的本质,提高学生微粒观、变化观、分类观建构的水平。

2. 学生的知识经验与认知水平

学生在最初学习化学的过程中,会运用生活中的经验或其他学科的知识来同化新接触的化学知识,容易造成思维定式,阻碍化学核心观念的建构。例如在初中化学阶段,对等体积水与酒精混合之后总体积进行判断时,学生会使用数学的知识经验进行加和,构成物质的微粒之间有间隙,混合后体积小于相加和,学生已有的知识经验阻碍了学生微粒观的建构;另一个原因是学生孤立,零散的知识在记忆中无条理的堆积,对化学知识没有总体性的认知,不利于建构正确化学核心观念,或者化学核心观念建构水平低。例如在学习离子晶体之后,有的学生依然认为氯化钠是由氯化钠分子构成的,说明学生微粒观建构水平低。

3. 教科书的编排结构与内容

教科书内容的呈现方式影响学生对知识的理解,教科书的编排结构影响学生认知结构的形成与发展,化学学科的知识结构与化学核心观念有着本质联系,教科书的编排能不能将化学学科的知识结构凸显出来,将影响学生化学核心观念的建构。

第2章 初中化学课程内容
与教材分析

化学作为自然科学的分支,是中学科学教育的重要组成部分,化学教材则是化学课程理念转化为化学课程实践的重要载体。随着基础教育课程改革的深入进行,多种版本的初中化学教材已经投入使用,如何分析和评价这些教材倍受众多教育工作者关注。本章从"提高科学素养"的角度,对初中化学课程目标的构建、内容标准、教材的新理念、编写原则、知识体系展开讨论,并对国内不同版本教材进行比较分析。

2.1 初中化学课程目标的构建

《中共中央国务院关于深化教育改革全面推进素质教育的决定》指出:"全面推进素质教育,要坚持面向全体学生,为学生的全面发展创造相应的条件,使学生生动活泼、积极主动地得到发展。"《国务院关于基础教育改革与发展的决定》进一步明确指出,要落实上述决定,必须"加快构建符合素质教育要求的新的基础教育课程体系"。这是当前摆在我们教育工作者面前的一项重要任务。课程目标是课程体系的基本要素之一,这一部分主要讨论与构建新化学课程目标体系有关的一些问题。

2.1.1 新课标的结构、取向及分类

2.1.1.1 课标的层次与结构

课程目标具有不同的层次,宏观的教育目标正是通过这些层次才逐步地具体化为课程的。课程目标的层次主要有:

(1)课程整体的目标,是一定学段的所有课程都受其规定的目标,它反映特定社会的基本要求和价值观,通常有较强的理念色彩和浓厚的社会政

治倾向,规定课程的方向和性质,对课程的具体形态没有太多的直接影响,具有导向性、阶段性和综合性,其实现有待于各门课程协同完成。

(2)学科课程的总目标。一方面总体目标在特定课程领域里的表现,或者说,是总体目标在学科领域中的具体化;另一方面,它又是学科课程具体目标的概括和升华,是介于课程总体目标和学科课程具体目标之间的中间层次目标。

(3)学科课程的具体目标,是希望学科课程教学实现的直接和具体的成果,具有很强的目的性、操作性和局限性,适用范围最小。实际上,学科课程的具体目标就是通常所说的教学目标。

2.1.1.2　课标的取向

所谓"取向",与确定课程目标时思索的方向有关,"涉及要不要制订课程目标,以及制订什么样的目标的问题",但不涉及课程目标的具体内容。

目前,在课程编制中课程目标的取向方式主要有:

(1)预期行为取向。用预期学生行为的发展变化来表述课程目标。用这种方式制订的课程目标通常称为行为目标,这种行为目标可能是具体的,也可能是一般的行为方式。用预期行为取向方式制订的行为目标比较具体、明确,有较好的可操作性,也便于进行评价。但是,它不适用于描述难于测评、难于表现为外部行为的目标;可能会造成目标详略不一的情况,或者目标过于概括、不便于教师掌握,或者目标过于琐细、容易造成忽视学习整体性的后果。

(2)身心发展取向。这种取向注重的不是学生外部行为变化的结果,而是学生个体的身心发展素质,注重每个学生的智力品质和非智力品质的提高。由此所确定的课程目标是开放性的,学生在实际情境中的表现、解决问题的活动、认知灵活性以及兴趣动机等心理过程都在其列。这类目标的实现往往具有内隐性,不容易从外部观察到。

(3)演进过程取向。由于影响课程实施的因素很多,课程实施很难完全按照预先设想的样式进行,因而过程对课程目标的确定有着很大的影响。演进过程取向就是根据实施过程来确定课程的演进性目标,有时就在实施过程中进行。这类目标不但是课程编制者应该考虑的,更是课程实施者必须考虑和重视的。

按照身心发展取向和演进过程取向制订课程目标的操作难度都比较大,而且制订的目标难以用可观察的行为来描述,比较模糊,也比较难于落实,开放性的目标也难于保证使每一个学生都达到基本的要求。

课程目标既应该有利于每个学生都得到全面的、最大限度的发展,又应该体现对所有学生的基本的最低限度的要求。这三种取向各有其长处和不足,合理的做法是让它们相互配合、相互补充。

2.1.1.3 课标的分类

布卢姆等人把教学目标划分为认知、情感、操作或运动技能三大领域,并且把各领域教学目标划分为不同的类,亚类、次类等层次。仿照布卢姆的分类方法,并结合国情,可以把课程目标分为知识技能领域、情感意志领域两大类。

(1)知识技能领域。包括有关学科的知识、概念、理论、观念、认识、规则、心智技能和操作技能等。

(2)情感意志领域。包括兴趣、态度、情感、情绪、信念、价值观、意志等。

结合当前我国化学教育面临的问题和发展的方向,我们认为有必要突出学生的学习过程,重点培养科学探究的意识和能力,强化情感态度与价值观的教育,因此对传统的目标分类框架进行了整合,形成了由"知识与技能""过程与方法""情感态度和价值观"三个维度构成的课程目标体系。

2.1.2 构建新课标体系的意义

在面向 21 世纪的基础教育课程改革中,学生的发展被放到前所未有的重要地位,发展主义课程观对我国基础教育课程改革有着很大的影响。这种课程观以促进学生发展为根本宗旨。所谓发展,就是在德、智、体、美等方面都发生积极的变化,有明显的长进和提高。要通过课程的学习,使每一个学生养成良好的品德,潜能得到开发,学力得到增长,智力品质和非智力品质都明显地得到提高。通过培养学生的创新精神和实践能力,全面提高学生素质,培养更多的人才,以大力推进社会的发展。怎样构建、描述发展性的课程目标体系,就成为面向 21 世纪基础教育课程建设中需要解决的一个重要问题。

课程目标是实现教育目的和教育目标的重要手段,它具体地指示课程的进展方向,标示课程的范围,提示课程的要点,决定课程内容的选择和组织,指导教学评价工作,是实现课程宗旨的重要保证。课程目标既是课程的出发点,又是课程的归宿。构建符合素质教育要求的新课程目标体系是"构建符合素质教育要求的新的基础教育课程体系"的一项十分重要的工作。在制订、实施课程方案和分科课程标准时,必须明确课程目标并且要清晰地予以表述。

　　课程目标与教育目的、培养目标、课程宗旨、教学目标等概念既有联系,又有区别。要正确地把握课程目标,首先需要弄清这些相关概念之间的关系。

　　教学目标的制订是从确立教育目的开始的,而教学目标的实现,则是从具体的教育、教学活动开始,经历方向中可见,课程目标肩负着"承上启下"的使命。

2.1.3　新课标体系的构建

　　课程目标的制订受到社会需要、内容特点和学生身心发展水平及规律的制约,这些制约因素之间存在着错综复杂的联系;课程目标的制订也受到制订者认识水平和工作方式的制约。要做好课程目标的制订工作,需要用有关的原则、依据、模式等来规范、指导这项工作。

2.1.3.1　新课标体系的制订原则

　　制订新课程目标体系时应该遵循下列原则。

　　(1)学科功能与课程功能相统一。学科的教育功能包括学科的一般教育功能和学科的特殊教育功能两方面。学科的特殊教育功能是其他学科不具备或者较弱的教育功能。它不但表现在对本领域专业人才培养的特殊功用上,还表现在对非本领域专业人才和一般社会成员的特殊培养功用上。只有注意发挥各学科在促进学生发展方面的特殊功能,学科课程才有其存在的价值,课程整体功能也才能实现。

　　课程整体功能是建立在所有课程都能恰当地发挥自己的功能,并且相互配合、相互补充、相互促进、相互协调的整体性之上的。片面地强调个别学科的功能,会影响课程整体的功能,妨碍学生的全面发展。因此,在制订课程目标时,要注意发挥学科特殊功能与课程整体功能的统一。

　　(2)社会要求与学生个体需要相统一。社会与个体是相互依存、不可分割、相互制约的,两者之间相互"贡献"和"索取"。因此,应该最大限度地使社会发展需要跟个体发展需要统一起来。这是制订课程目标时应该遵循的一个原则。

　　(3)学生现有水平与期望水平相统一。课程目标具有时限性,是期望学生在一定学段达到的发展目标。学生现有的发展水平是其进一步发展的基础和起点,在制订课程目标时要了解并充分地利用这个基础,同时,又要准确地估量学生的发展可能性。只有注意学生现有发展水平与期望发展水平的统一,在课程目标中从现实基础与发展潜能两方面反映学生的发展素质,才有可能使学生得到充分的、最大限度的发展。

(4)以教育目的和培养目标为依据。作为下位的教育目标,课程目标必须服从和服务于上位的教育目标。《基础教育课程改革纲要(试行)》(以下简称《纲要》)规定:"新课程的培养目标应体现时代要求。要使学生具有爱国主义、集体主义精神,热爱社会主义,继承和发扬中华民族的优秀传统和革命传统;具有社会主义民主法治意识,遵守国家法律和社会公德;逐步形成正确的世界观、人生观和价值观;具有社会责任感,努力为人民服务;具有初步的创新精神、实践能力、科学和人文素养以及环境意识;具有适应终身学习的基础知识、基本技能和方法;具有健壮的体魄和良好的心理素质,养成健康的审美情趣和生活方式,成为有理想、有道德、有文化、有纪律的一代新人。"这段话不但指明了基础教育的培养目标,是对教育目的的具体阐述,也是制订新课程目标体系的依据。

2.1.3.2　制订课标体系的工作模式和思路

制订课程目标体系时一般从 3 个方面进行。

(1)根据社会需要确定课程目标。为了确定社会有哪些需要,一方面进行社会调查,向社会各方面征询意见。为了得到比较可靠的调查结果,调查对象的样本必须有很好的代表性;另一方面向有关的社会学专家征求意见。目前我国熟悉学科教育社会学的专家不多,使这种方法的应用也受到限制。

(2)根据学生发展需要确定课程目标。一方面向学生调查。当调查对象学习过有关课程并且达到"评价"水平时,其意见对目标决策有较高的价值。实际上符合这个条件的学生不会很多,使这种方法的应用有所限制;另一方面向有关专家征询意见,主要是向熟悉学生情况的教师和发展心理学专家进行调查。

(3)从课程内容(或其载体)的逻辑和系统性需要确定课程目标。通常可采用向学科专家和学科教育专家征求意见的方法。

由上述 3 个方面确定的课程目标需要进行整合。

在整合课程目标时,要注意课程目标的重要性和必要性,首先选择既重要又具有关键性、迫切性,数量适宜的课程目标,并对其余目标妥善地作出计划调整和安排。

在整合课程目标时,还要注意课程目标实现的可能性。各教学内容不一定都要达到最高层次,通常应该选择所有学生经过努力都可以达到的层次要求,面向全体学生制订出基本的课程目标。

在根据有关需要确定课程目标时,可以采用需要评估模式:对有关的教育需求进行调查、评估,弄清特定的教育需求,并确定各种需求的先后顺序。

2.1.4　对新课标的要求

新课程目标体系必须有利于促进学生发展、提高学生素质。学生发展内容的丰富性决定了新课程目标应该是多领域、多侧面、多层次的,由此形成一个多维的相互联系的有机整体—课程目标体系。对新课程目标体系的要求可以概括为如下几个方面。

2.1.4.1　利于学生个性发展

学生的发展具有阶段性特点,因而课程目标也应该具有阶段性,课程目标体系应该有与学生发展阶段相应的维度。同时,学生的发展又具有特殊性,存在着个体差异,有着不同的发展需要、意愿、倾向、优势和可能性,在各个领域、方面、阶段有不同的发展水平。课程目标应该适应不同个体的发展需要,才能真正做到使每一个学生都尽可能地得到发展。为此,课程目标体系应该具有能够反映不同发展水平的维度。

2.1.4.2　包含学生主要的发展领域和侧面

学生的发展不仅在于生理方面,更在于心理方面;不仅表现在知识的增长,而且表现在情感意志、行为能力和态度的发展。课程的发展目标不仅有知识的,而且应该有情意的、行为能力与态度的。知、情、意、行领域都应该包含着德、智、体、美等方面的内容,德育、智育、体育、美育等方面都有发展学生知、情、意、行的任务。因此,德、智、体、美和知、情、意、行都是学生发展不可忽视的重要领域和侧面,它们分别构成新课程目标体系的重要维度。

2.1.4.3　反映课程实施的过程要求

发展性课程观不仅重视课程实施的结果,而且十分重视课程实施过程。按照这种观点,课程目标既有结果性的,又有过程性的、体验性的。这应该能在课程目标体系中很好地得到反映。

2.1.4.4　课标体系的构建需创新

有人借鉴布卢姆的教育目标分类法,把课程目标分为认知、情感和行为技能三个领域。

传统的课程思想在我国根深蒂固,有着十分强大的影响。它不断地扭曲、消解各种改革思想和措施,这是导致一些改革失败的重要原因之一。例如,尽管布卢姆教育目标分类法能够大体上包容智育以外的内容,但是,在传统教育思想影响下,很容易只把它作为智育的工具而忽略其他方面。盛行一时的所谓"目标教学"往往只片面地注重智育目标,忽视其他领域目标,就是一个例证。

这个事实启示我们:在新的一轮课程改革中,不但要注意内容实质的改革,还要注意形式的推陈出新,要既全面又突出重点,鲜明地反映发展性课程思想。在构建新课程目标体系时,要从有利于指导课程实践出发,注意表述方式的创新,突出发展内容,使其更好地为促进学生发展这个实质目标服务;要充分注意课程目标的可操作性,使科学性与实践性统一起来。此外,新课程目标体系还应该具有学科的特点。

2.1.5 初中化学课标解说

2.1.5.1 设计思路

《标准》从社会要求、学生发展以及课程实践等方面形成课程目标的设计思路。其具体内容主要有以下几个方面。

(1)从中华民族的复兴和每一个学生的发展出发,始终以教育目的和培养目标为根据,以《纲要》为指导。

(2)全面认识学生的素质,促进学生全面发展。不但注意提高学生的科学文化素质,还要注意提高学生的思想道德素质、心理素质、审美素质和行为能力。同时又要有重点。

(3)从初中学生的特点出发,使社会需要跟学生发展需要统一起来,从学生现有的发展水平出发,恰当地制订学生发展的目标水平。

(4)促进学习方式的改变,注意培养学生学习的兴趣、能力和习惯。

(5)吸收、反映我国及国际科学教育和化学课程改革发展的先进经验。

(6)注意课程目标对教学评价的导向作用。

2.1.5.2 课程总目标

《标准》确定的课程总目标是:"义务教育阶段的化学课程以提高学生的科学素养为主旨,激发学生学习化学的兴趣,帮助学生了解科学探究的基本过程和方法,培养学生的科学探究能力,使学生获得进一步学习和发展所需要的化学基础知识和基本技能；引导学生认识化学在促进社会发展和提高人类生活质量方面的重要作用，通过化学学习培养学生的合作精神和社会责任感，提高未来公民适应现代社会生活的能力。"

它开宗明义地说明，义务教育阶段化学课程的主要目的是提高学生的科学素养。这是在教材编写和课程实施中必须牢牢记住的。

什么是科学素养？国际上普遍认为，科学素养的内涵应该包括下列 3 个主要方面：(1)对于科学知识(科学术语和科学基本观点)达到基本的了解程度；(2)对科学的方法达到基本的了解程度；(3)对科学技术对于社会和个人所产生的影响达到基本的了解程度。《标准》的课程总目标对这些方面都做了必要的规定，体现了科学精神与人文精神的统一，将学生的情感态度和价值观放到十分重要的位置。

为了实现上述课程总目标，《标准》还具体地规定，要通过义务教育阶段化学课程的学习，使学生主要在知识与技能、过程与方法、情感态度与价值观 3 个方面得到发展，并对这 3 个方面的具体目标做了规定。

2.1.5.3　关于课标的领域

在综合考虑德、智、体、美维度，知、情、意、行维度以及结果过程维度的基础上，根据初中学生的特点并本着突出重点的原则，《标准》把课程目标划分为 3 个领域：(1)知识与技能；(2)过程与方法；(3)情感态度与价值观。这些领域基本上涵盖了促进学生发展个性、认识物质环境和适应社会环境 3 方面的要求，反映了学生、物质环境和社会环境的联系。

2.1.5.4　关于课标的层次

《标准》对目标要求的描述有两种类型：一类是传统型目标，主要用于具有结果性的知识与技能领域，通常用可观察的行为词语描述，并根据目标要求划分为不同的水平层次；另一类是非传统型目标，主要用于过程与方法领域以及情感态度价值观领域。

(1)传统型目标。传统型目标的描述通常使用可观察的行为词语，并有不同的水平层次。

(2)非传统型目标。非传统型目标的描述多采用有关的行为词语，这些行为词语本身大多分水平层次，但行为对象(学习内容)可以有不同的复杂程度，从而形成不同水平层次的目标。

描述经历性目标多采用有关的操作性行为动词，例如：学习、观察、认识、进行、参加、尝试、调查，等等。

描述表现性目标多采用有关的心理活动或操作行为词语,例如:(有)兴趣、注意、关心、重视、认可、同意、欣赏、称赞、接受、喜欢、热爱、采纳、支持、拥护、遵守、尊重、爱护、珍惜、追求、拒绝、反对、厌恶、蔑视、抵制等等。这类词语往往具有意愿性和两极性。

描述体验性目标多采用有关的心理活动词语,这类目标大多具有内隐性,依赖于通过外部行为推定,难于直接观察到。例如:体验、感受、意识、体会、初步形成、养成、具有、建立、树立、确立、坚持、保持、发展、增强,等等。对于形成的自我的内部体验,学习者可能自觉地意识到,也可能自发地意识到,或者处于无意识的状况。

2.1.5.5 知识与技能目标

《标准》对知识与技能方面提出的目标是:

(1)认识身边一些常见物质的组成、性质及其在社会生产和生活中的应用,能用简单的化学语言予以描述。

(2)形成一些最基本的化学概念,初步认识物质的微观构成,了解化学变化的基本特征,初步认识物质的性质与用途之间的关系。

(3)了解化学与社会和技术的相互联系,并能以此分析有关的简单问题。

(4)初步形成基本的化学实验技能,能设计和完成一些简单的化学实验。

2.1.5.6 过程与方法目标

《标准》对过程与方法方面提出的目标是:

(1)认识科学探究的意义和基本过程,能提出问题,进行初步的探究活动。

(2)初步学会运用观察、实验等方法获取信息,能用文字、图表和化学语言表述有关的信息,初步学会运用比较、分类、归纳、概括等方法对获取的信息进行加工。

(3)能用变化与联系的观点分析化学现象,解决一些简单的化学问题。

(4)能主动与他人进行交流和讨论,清楚地表达自己的观点,逐步形成良好的学习习惯和学习方法。

2.1.5.7 情感态度与价值观目标

《标准》对情感态度与价值观方面的目标要求如下。

(1)保持和增强对生活和自然界中化学现象的好奇心和探究欲,发展学习化学的兴趣。

（2）初步建立科学的物质观，增进对"世界是物质的""物质是变化的"等辩证唯物主义观点的认识，逐步树立崇尚科学、反对迷信的观念。

（3）感受并赞赏化学对改善个人生活和促进社会发展的积极作用，关注与化学有关的社会问题，初步形成主动参与社会决策的意识。

（4）逐步树立珍惜资源、爱护环境、合理使用化学物质的观念。

（5）发展善于合作、勤于思考、严谨求实、勇于创新和实践的科学精神。

（6）增强热爱祖国的情感，树立为民族振兴、为社会的进步学习化学的志向。

这些目标既有对待自然、物质和科学方面的情感、态度、价值观，又有对待社会和自身发展方面的情感、态度、价值观。这些目标的实现不但有利于学生达到知识与技能方面以及过程与方法方面的目标，同时也有利于他们的情感向着积极方面发展，有利于他们逐步形成正确的世界观、形成正确的人生态度，有利于他们形成良好的科学素养、形成良好的思想道德品质。

2.1.6　初中化学课标的特点

2.1.6.1　基础性与发展性的统一

初中阶段是为每一个学生今后的发展和终身学习打基础的关键时期，对提高国民素质具有重要作用。因此，《标准》十分重视课程目标基础性和发展性的统一。

2.1.6.2　时代性和继承性的统一

《标准》中的课程目标注意反映与化学有关的科学技术发展的新成就，以利于适应社会变化和知识更新，突出时代特点。在表现方式上注意创新，体现课程改革的新理念。同时，十分珍惜多年来化学课程改革的经验和广大化学教师的创造性实践，使其在继承中得到创新和发展。

2.1.6.3　全面性与针对性的统一

《标准》中的课程目标注重为每一个学生今后的发展和终身学习全面地、综合地打基础，又注意突出重点，力求实现综合性与针对性统一。

2.2 初中化学课程的内容标准

《标准》的第三部分是内容标准。内容标准通过化学知识与技能、过程与方法、态度情感与价值观三个方面来体现对学生科学素养的培养,充分体现了《纲要》中对课程内容的要求:改变课程内容"难、繁、偏、旧"和过于注重书本知识的现状,加强课程内容与学生生活以及现代社会和科技发展的关系,关注学生的学习兴趣和经验,精选终身学习必备的基础知识和技能。

2.2.1 课程内容的选择依据

化学课程内容的选择必须服务于化学课程目标,以确保在化学课程实施中能够实现化学课程目标。

2.2.1.1 社会发展的需要

化学科学的建立,推动了人类社会进步,化学科学的发展将会进步加快人类社会文明的进程。从 1803 年道尔顿提出原子假说作为近代化学的起点,到现在不过 200 多年的时间,化学已经发展成为一门重要的自然科学。现代化学的发展、化学向一些与国民经济和社会生活关系密切的学科的渗透和化学科学技术直接服务于社会生活的加速,使化学成为跟国计民生有着密切的关系,在改善人类生活方面最有成效的科学之一。它能满足社会多方面的需要,促进社会发展,创造巨大的经济效益。化学科学使材料设计、药物设计和物性预测等进入到更高层次。伴随着现代合成化学的发展,化学家已经设计和合成了数百万种化合物,几乎又创造了一个新的物质世界,在 20 世纪的最后 10 年内,化学合成使物质增加了 1 000 多万种。

伴随着现代化学工业和以高分子材料为代表的新兴材料科学的发展,化学在解决人们的衣食住行和社会生活问题方面发挥着巨大作用,成为无处不在的科学。化学与其他学科的相互交叉是 21 世纪科学发展的必然趋势,生命科学、材料科学、环境化学、绿色化学、能源化学、药物化学、计算化学、纳米化学等众多新兴的交叉领域将大大改变传统的化学科学的范畴与意义,并已经改变且将更大程度地改变社会和个人的生存、发展及生活方式。化学为社会生产生活作出的贡献,可以说是无处不在。化学以其自身发展壮大的规律,极大地推动、渗透着人类社会生活的各个方面,渗透到各个学科领域。

人类面临的 21 世纪,并非只有经济繁荣、生活水平提高和科学技术发达这样一些令人振奋的特征,由于人口的急剧增长,环境问题、资源问题(包括土地资源与水源)、能源问题等这样一些早已困扰人类的问题,将变得越来越严峻,探索有效的对策和出路的要求将日益迫切,同时化学在解决人类所面临的人口、能源、环境、资源等危机方面的重要性和能动性也将日益显示出来。

化学在社会可持续发展中的作用,化学对科学技术发展的贡献,化学与其他学科的相互融合和渗透,十分强烈地反映出人类社会对化学的需求,以及对于生活在这个社会中的普通公民所应具备的基本化学素养的要求。

2.2.1.2　为学生的发展服务

以"为了每一个学生的发展,为了中华民族的振兴"为目标确定化学课程的内容,是制订义务教育阶段化学课程内容标准的首要原则。根据义务教育的任务和初中化学课程目标,义务教育阶段开设的化学课程的内容,必须适应社会发展对人的素质的需要,适应学生未来发展的需要,适应化学学科发展的需要;必须以学生的发展为核心,让学生掌握和形成未来发展所必备的化学基础知识、基本技能、基本能力和基本观点态度,注重对学生科学精神、人文精神、实践能力和创新意识的培养;必须有利于学生自主、创造性地学习化学,有利于学生自主、多样、持续、有创造性地发展。

服务于学生发展有以下几点重要的含义:服务于全体学生的发展而不是部分学生的发展;服务于学生人格全面的发展而不是只重其智力的片面发展;服务于学生有个性的发展而不是全体学生按同一规格的发展;服务于学生在原有基础上可持续地发展而不是仅局限在学校中的眼前发展。根据义务教育阶段的化学课程目标,义务教育阶段的化学教育要从以下几个方面关注学生的发展。

(1)帮助学生了解科学、了解科学过程、了解科学技术和社会的相互联系,学会应用化学知识和技能来解决实际问题,提高他们的科技素养。

(2)使学生学会从组成、结构、变化等角度来认识物质乃至客观事物,帮助他们全面地、正确地认识世界,形成正确的世界观。

(3)帮助学生更好地适应社会生活、适应社会发展的需要,能够帮助他们有效地解决人类面临的与化学有关的问题,并对如何应用化学做出明智和负责任的决策。

（4）促进中学生的智力品质和非智力品质的提高，有效地促进学生学力和人格的全面发展。

学生未来发展需要形成科学观点和科学精神。目前国际上流行的有关公众科学素养的测量标准是测量公民对科学技术术语和概念、科学的研究过程和方法、科学的社会影响的了解程度。化学是一门基础自然科学，化学科学的原理、观点和方法，不仅为化学工作者所必备，也是一般公民科学素养的组成部分。

学生未来发展需要掌握基本的科学方法。义务教育阶段通过化学课程对学生切实落实科学方法教育，首先必须在化学课程内容目标中确定哪些化学学科方法知识可以作为科学方法教育的载体，充分考虑所选择的科学方法知识能促进学生正确地探索、认识化学知识，有利于训练学生的化学基本技能、培养他们解决化学问题的能力和创新精神，能突出初中化学课程的特征，符合学生的认识水平和发展规律。

学生未来发展需要掌握化学基础知识和基本技能。初中化学基础知识和基本技能是初中化学课程的基本内容构成，是为学生的终身学习和发展打基础，为学生将来适应现代社会生活打基础所必需的，也是对学生进行能力培养和情感态度、价值观教育的必要载体。因此，义务教育阶段化学课程内容的选择必须强调学生掌握化学的基础知识和基本技能。

2.2.2 课程内容的主要特点

用先进的化学科学知识来充实义务教育阶段化学课程内容，加强化学与材料、能源、环境、生命等当代人们关心的课题的渗透与融合，引导学生从日常生活中的现象、从生产生活实际入手，用以科学探究为主的多元学习方式积极主动地学习化学，从而激发学生学习化学的兴趣，使学生形成科学的观点和方法，学会用化学的基本知识和技能解决实际问题，是当前义务教育阶段化学课程内容改革的主要方向。

2.2.2.1 体现义务教育的基础性

《标准》在说明义务教育阶段的化学课程性质时指出：义务教育阶段的化学课程应该体现启蒙性、基础性。一方面提供给学生未来发展所需要的最基础的化学知识和技能，培养学生运用化学知识和科学方法分析和解决简单问题的能力；另一方面使学生从化学角度逐步认识自然与环境的关系，分析有关的社会现象。

义务教育阶段帮助学生打好基础是十分重要的。但是这里所说的基础是未来学生发展的基础,而不只是书本知识。内容标准充分体现了 21 世纪义务教育的基础性,指出了对学生掌握和形成化学基础知识、基本技能、基本能力和基本观念与态度的具体目标。

2.2.2.2　注重学习方式的改变

科学探究是学生积极主动地认识科学知识,解决问题的重要实践活动。通过科学探究,学生不仅可以获得知识,更重要的是能够学习科学方法,认识科学的本质,培养科学精神和科学价值观。在内容标准中将科学探究作为义务教育化学课程的重要内容体现在主题中,明确提出学生发展科学探究能力的内容与培养目标。在其他各主题的"标准"栏目也提出了对科学探究的要求,在"活动与探究建议"栏目列举了为达到学习目标可采用的观察、调查、查阅和收集信息、阅读、讨论交流、实验探究等具体的学习活动。其目的就是为了转变学生的学习方式,使学生在积极主动地探索化学知识的同时,体验科学探究的过程与方法,享受科学探究的乐趣,激发学习化学的兴趣,学习科学探究的方法,初步形成科学探究的能力。

虽然科学探究包含提出问题、猜想与假设、制订计划、进行实验、收集证据、解释与结论、反思与评价、表达与交流等要素,但正如内容标准中科学探究主题所指出的那样,义务教育化学课程中的科学探究活动可以有多种形式和不同的水平层次,活动中包含的探究要素和教师指导的程度允许不同。在教材编写和教学中应科学合理地加以应用,并认真研究更能适合于学生学习方式改变的探究活动。

2.2.2.3　突出与社会生活实践的联系

化学在极大程度上推进了现代社会的文明和进步,对人类解决当今面临的资源、环境和粮食危机和卫生与健康等一系列重大挑战提供可能的途径。通过学习义务教育化学课程,使学生了解化学的应用价值,建立社会可持续发展的意识,这是化学课程的重要功能。

为了使初中学生理解化学对社会发展的影响,在未来的生活中能从化学的角度去认识并解决科学、技术、社会和生活方面的问题,内容标准重视化学与生活、社会和技术联系,在除科学探究以外的 68 条内容标准中,有 35 条标准与生产生活和社会实际有关;在 66 个活动与探究建议中,有 30 个探究或活动来源于生产生活和社会实际(见表 2-1)。

表 2-1 与社会实际相联系的部分活动建议

学习单元	探究建议
学习地球周围的空气	1. 辩论:空气中的二氧化碳会越来越多吗? 氧气会耗尽吗
水与常见溶液	2. 了解或实地调查饮用水源的质量和水净化处理的方法
金属与金属矿物	3. 交流有关日常生活中使用金属材料的信息,或利用互联网或其他途径收集有关新型合金的成分,特性和用途的资料 4. 调查当地金属矿物的开采和金属利用情况,提出有关的建议 5. 参观炼铁厂或观看工业炼铁的录像 6. 收集有关钢铁锈蚀造成经济损失的资料,讨论防止锈蚀的原因 7. 调查家庭金属垃圾的种类,分析回收利用的价值和可能
生活中常见的化合物	8. 调查或收集有关酸雨对生态环境和建筑物危害的资料
化学物质的多样性	9. 讨论:温度计里的水银能否用水或酒精来替代
微粒构成物质	10. 通过实验比较空气和水压缩时的体积变化情况
认识化学元素	11. 查找常见食品的元素组成,并列表说明 12. 查阅资料,了解地壳中含量较大的几种元素及其存在 13. 收集有关人体新陈代谢必需的微量元素的资料
物质组成的表示	14. 根据某种氮肥包装袋或产品说明书标示的含氮量推算它的纯度
化学与能源和资源的利用	15. 讨论:在氢气、甲烷(天然气、沼气)、煤气、酒精、汽油和柴油中,哪一种燃料最理想 16. 调查当地燃料的来源和使用的情况,提出合理使用燃料的建议 17. 讨论工业上蒸馏法淡化海水的可行性
常见的化学合成材料	18. 写调查报告:"我家里的合成材料制品" 19. 查阅并交流有关复合材料和合成材料应用的资料 20. 调查"白色污染"形成的原因,提出消除这类污染的建议

续表

学习单元	探究建议
化学物质与健康	21. 收集有关微量元素、维生素与人体健康关系的资料并了解人如何摄取这些物质 22. 收集化学物质引起毒害(如吸入有害气体、误食有毒物质、家庭装修材料释放物的污染等)的资料,提出防止这些危害的建议 23. 观察实验或看录像:一氧化碳、尼古丁等对动物的危害 24. 观看防毒、禁毒展览或影像资料 25. 辩论:化学制品对人类的健康有益还是有害
保护好我们的环境	26. 参观本地的"三废"处理设施(或观看有关的影像资料),组织讨论 27. 辩论:使用农药、化肥对人类是利多还是弊多 28. 从报刊、电视或其他媒体上收集一段时间以来当地空气质量周(日)报或相关信息,分析这一时段空气质量变化的原因 29. 设计实验,探究农药、化学肥料对农作物或水生生物生长的影响 30. 从环保部门(或环保网站)了解当地环境污染情况,参与有关的环境监测活动,提出治理的初步建议

内容标准突出化学与社会生活相联系,"使学生初步了解化学对人类文明发展的巨大贡献,认识化学在实现人与自然和谐共处、促进人类和社会可持续发展中的地位和作用,相信化学为实现人类更加美好的未来将继续发挥它的重大作用"的课程理念得到了进一步的体现。

2.2.2.4　用实验来加强学生的探究能力

"以实验为基础"是化学学科的基本特征。即使在由经验化学向理论化学发展的今天,化学实验仍然是化学学科发展的最现实、最生动、最有效的物质载体。义务教育化学课程中的化学实验,虽然绝大多数是对物质组成、结构、性能及其变化规律的再认识,但从本质上看,这一过程与科学家进行的科学研究中的化学实验是一致的。化学实验能够形象、生动、直观地产生化学问题,化学实验能对学生在科学探究中提出的猜想或假设进行验证;学生通过实验研究和认识物质,掌握化学基础知识和基本技能,初步学会化学研究的实验方法:在实验过程中学生积极地动脑动手,体验科学家科学探究的过程和方法,获得科学探究的乐趣和成功的喜悦。在"标准"和"活动与探究建议"中共提出了 41 个实验或实验系列。其中 80% 以上的实验要求学生亲自动手完成,50％以上的实验是作为科学探究的方式呈现的。希望学生通过义务教育化学课程中的实验内容的学习,不仅能激发起学习化学的兴趣、掌握实验的基本技能,更能够逐步改变初中学生被动学习化学的倾向,初步形成科学探究的能力。

表 2-2　课程标准中的化学实验

实验内容	学生探究实验		学生观察实验
	课堂实验	课外实验	
1. 实验探究空气中氧气的体积分数	√		
2. 实验制取氧气和二氧化碳	√		
3. 实验探究氧气和二氧化碳的性质	√		
4. 小组协作设计并完成实验:探究空气中二氧化碳相对含量的变化		√	
5. 根据实验现象推断水的组成			√
6. 试验活性炭和明矾的净水作用	√		
7. 了解吸附、沉淀、过滤、蒸馏等净化水的常用方法			
8. 观察在水中加入少量盐后凝固点和沸点的变化	√		
9. 配制一定溶质质量分数的溶液	√		
10. 探究氯化钠、硝酸铵、氢氧化钠三种物质在水中溶解时的温度变化	√		
11. 用简单方法将衣料上沾有的油污等洗去		√	
12. 配制某种无土栽培所需的无机盐营养液	√	√	
13. 实验探究金属的物理性质	√		
14. 用实验方法将氧化铁中的铁还原出来	√		
15. 设计实验探究铁制品锈蚀的条件	√		
16. 试验某植物花朵汁液在酸性和碱性溶液中的颜色变化		√	
17. 使用 pH 试纸测定唾液、食品、果汁、肥皂水、雨水和土壤溶液等的酸碱性		√	
18. 自制汽水		√	
19. 当地农村常用化肥的鉴别			

实验内容	学生探究实验		学生观察实验
	课堂实验	课外实验	
20. 实验探究酸碱的主要性质	✓		
21. 加热碘固体,观察发生的现象			✓
22. 分离氯化钠固体与铁粉组成的混合物		✓	
23. 比较空气和水压缩时的体积变化情况	✓		
24. 观察浓氨水和浓盐酸靠近时的"空中生烟"现象			✓
25. 观察一组化学变化,讨论并归纳化学变化的一些特征			✓
26. 设计实验推断孔雀石(或碱式碳酸铜)分解的产物	✓		
27. 观察硫酸铜溶液(或二氧化锰)对过氧化氢分解反应快慢的影响			✓
28. 观察铜锌原电池			✓
29. 用实验证明:铁粉和硫粉混合加热生成了新的物质	✓		
30. 观察并记录实验现象:氯化铜溶液用石墨电极通电分解			✓
31. 观察并记录实验现象:在加热条件下氢气与氧化铜反应			✓
32. 通过实验探究酸溶液、盐溶液分别跟金属发生置换反应的规律	✓		
33. 小组协作完成当地土壤酸碱性测定的实验,提出土壤改良的建议或适宜的种植方案		✓	
34. 实验探究化学变化中的质量关系	✓		
35. 观察某些燃料完全燃烧和不完全燃烧的现象			✓
36. 燃烧条件的实验探究	✓		
37. 比较原油常见馏分的某些物理性质及其燃烧的情况	✓		

实验内容	学生探究实验		学生观察
	课堂实验	课外实验	实验
38. 分组收集池塘中的沼气,试验沼气的可燃性		✓	
39. 用简单的实验方法区分棉纤维、羊毛纤维和合成纤维(如腈纶)织成的布料		✓	
40. 设计实验探究农药、化肥对农作物或水生生物生长的影响		✓	
41. 从环保部门(或环保网站)了解当地的环境污染情况,参与有关的环境监测活动		✓	

2.2.3 课程内容目标的表述

课程标准中的内容标准部分则是根据课程目标,结合具体的课程内容,用尽可能清晰的行为动词所阐述的目标。

2.2.3.1 表述方式

《标准》中的内容标准是按"主题分级"陈述标准的。内容标准包括科学探究、身边的化学物质、物质构成的奥秘、物质的化学变化、化学与社会发展等5个一级主题,这5个一级主题又分解成18个二级主题。内容标准中的课程内容目标是按照"一级主题—二级主题—内容目标—活动与探究建议—学习情景素材"的程式来呈现的。

课程内容目标在《标准》中主要以二级主题下的"目标"或"标准"等字样呈现。课程内容目标表述中的所有主体都是学生。一般来说,在具体阐述课程目标内容时,至少具备行为动词、表现程度两个要素。课程内容标准所指向的表现程度是指学生通过一段时间的学习后所产生的行为变化的最低表现水准或学习水平,用以评价学习表现或学习结果所达到的程度。课程内容目标中的表现程度除了可以在所使用的行为动词上有所体现外,还可以借助于其他方式来协助阐述。如"认识到(行为动词)合作与交流在科学探究中的重要作用(表现程度)","了解(行为动词)使用合成材料对人和环境的影响(表现程度)","知道(行为动词)某些物质(如一氧化碳、甲醛、黄曲霉素等)有损人体健康(表现程度)"。另外,在表述课程内容目标时,根据需要还会适当地附上一定的行为条件,如"能从日常现象或化学学习中(行为条件),经过启发或独立地(行为条件)发现一些有探究价值的问题","能在教师指导下或通过小组讨论(行为条件),根据所要探究的具体问题设计简单的化学实验方案"等。

《标准》中的课程内容目标的中心是几个要素中的"表现程度"这一要素。一般来说,表现程度既与行为动词有关,又与内容目标中的其他部分用词有关。

2.2.3.2　表述中的行为动词

内容标准中的几个课程内容目标:"初步学会运用调查、资料查阅等方式收集解决问题所需要的证据","说出空气的主要成分,认识空气对人类生活的重要作用","了解结晶现象","能从组成上识别氧化物,区分纯净物和混合物、单质和化合物、有机物和无机物","理解水对生命活动的重大意义,认识水是宝贵的自然资源,形成保护水资源和节约用水的意识"。这5个目标都是动宾形式的短语。其中宾语部分都能看懂、好理解、易区别。但其中包括的"初步学会""说出""认识""了解""识别""区分""理解""形成"等8个行为动词,就很难将其把握和理解得恰如其分。所以说,理解课程内容目标的首要前提就是分析、比较其中各个行为动词所蕴含的含义。

不同的课程内容对学生提出的学习目标的要求也有差别,所以说不管是在认知性学习目标还是技能性学习目标以及体验性学习目标上都有水平差异,这在行为动词的用词上能够充分地体现出来。

有关《标准》中课程内容目标表述使用到的行为动词的具体区分见表 2-3。表 2-4 和表 2-5 则给出课程内容目标中部分行为动词出现的次数。

表2-3　课程内容目标表述中的行为动词解析

学习领域	行为动词	水平层次	举例
认知性学习	知道、记住、说出、列举、找到	了解水平	记住一些常见元素的名称和符号;能说出常见的乳化现象;知道原子是由原子核和核外电子构成的等
	认识、了解、看懂、识别、能表示	理解水平	能用化学式表示某些常见物质的组成;能看懂某些商品标签上标示的物质成分及其含量等
	理解、解释、说明、区分、判断	应用水平	能用微粒的观点解释某些常见的现象;能区分常见的金属和非金属等

续表

学习领域	行为动词	水平层次	举例
技能性学习	初步学习	模仿水平	初步学习在实验室制取氧气和二氧化碳等
	初步学会	独立操作水平	初步学会根据某些性质检验和区分一些常见的物质;初步学会稀释常见的酸碱溶液;会用酸碱指示剂和pH试纸检验溶液的酸碱性等
体验性学习	体验、感受	经历水平	体验到科学探究是人们获取科学知识、认识客观世界的重要途径等
	意识、体会、认识、关注、遵守	反应水平	认识到科学探究既需要观察和实验,又需要进行推理和判断,认识新材料开发与社会发展的密切关系等
	初步形成、树立、保持、发展、增强	领悟水平	初步形成正确、合理地使用化学物质的意识;初步形成"物质是变化的"观点等

表2-4 内容标准中所用行为动词的次数统计表

项目	认识	知道	了解	学习	解释	形成	说出	理解	体验	判断
次数	33	20	19	4	3	6	3	2	2	2

表2-5 内容标准中所用行为动词的次数统计表

项目	学会或初步学会	能表述	区分	列举	意识	识别	懂得	记住	看懂
次数	6	3	2	1	1	1	1	1	1

内容标准中在表述课程内容目标时,使用较多的是认识、知道、了解、学习、学会等几个行为动词。这几个行为动词在目标水平上看都不是高水平的。在各个学习领域中较低水平的行为动词使用频率较高的事实,在一定程度上也体现了义务教育阶段化学学科的基础性和启蒙性的教育特点。教师必须认真研究课程内容目标中各个目标的表述差异,有针对性地根据这些差异实施教学。

在研究课程内容目标表述中的行为动词时,要适当联系到其中所涉及的课程内容,根据其具体的课程内容来确定该目标的表现程度。不同的行为动词所代表的学习目标水平有一定的差异,同一个行为动词由于其所涉及的课程内容的不同所包含的内涵也有所区别。

另外,如体验、形成等对学习过程目标进行描述的行为动词,要注意它们的难测定性。这些课程内容目标更关注的是学生的学习过程及由于其过程学习而引发的学生的可能的内部的情感力量。教师在衡量学生是否达到这些目标时,要探究学生真实的内心世界及其可能的发展状态。

2.2.3.3 为之服务的活动建议与情景素材

课程的内容标准是从学生的角度出发说明学生在持续经历一定学习过程后所应该达到的基本的目标状态的描述。在这里表述时一般不涉及教师的教学要求。但教师的教和学生的学始终是相关联的,教师的教服务于学生的学,学生的学反映了教师的教;学生的学对教师的教提出了一定的要求,教师的教影响着学生的学。内容标准中对课程内容目标的特殊表述对教师的教学提出了较高的要求,教师在教学过程中使用什么教学手段、实施怎样的教学策略都影响着学生学习目标的达成。因此,内容标准除了目标表述外,还附有活动与探究建议、本单元可供选择的学习情景素材两个栏目。

(1)活动与探究建议。"活动与探究建议"是为了使学生更好地达到内容目标而给予的教学建议,但它与课程内容目标不是一一对应的关系。例如,对"认识物质的三态及其转化"目标提供的活动与探究建议是"查找一些常见物质的熔、沸点,并按熔点高低顺序列表","讨论:温度计里的水银能否用水或酒精来替代",前一个活动与探究建议在教学中的应用可以使学生通过比较、研究具体的数据理解物质的三态及其转化,后一个建议则是组织学生通过应用物质的三态的变化条件来解决问题以使其理解得更深刻些。

(2)可供选择的学习情景素材。内容标准中每一个二级主题提供的一些可供选择的学习情景素材,也是为教学设计提供的一些线索。教材编写者和教师还可以选用其他的素材,创设更生动的教学情景。

"内容标准"中规定的是学生学习本课程所要达到的最基本的学习要求。所谓"最基本的学习要求"是国家对学生在经过一段时间的化学课程内容的学习之后提出的一般的、共同的、统一的要求。"基本"不是"最高",它并不能包含每位学生的最大发展,每一个学生都可以根据自己的兴趣、智慧、能力等实际情况适当地进行拓宽或加深,教师也有责任和义务给予充分的关注、必要的指导和帮助。

2.3 初中化学教材的新理念

2.3.1 重视对科学精神的教育

中学化学教育的宗旨是提高学生的科学素养。教师在实施教材时要关注科学精神教育,认真体会教育科学和化学科学的主要精神,研究教材中是如何体现科学精神的。不仅要使学生具备未来社会生活所必需的科学素养,同时引导学生认识科学的本质,具有分辨科学事件真伪的意识和初步的能力,有质疑的精神和批判性思维能力,必须重视科学方法和科学精神的教育。

科学精神首先是由科学工作的性质所决定的。科学工作是一种追求深入全面地认识自然和人类社会中一切过程或事物的探究性活动。通常是由个人或科研小组来完成的。由于存在着无法避免的主观和客观条件的限制,所以科学探究的结果或结论往往带有一定的不确定性和主观片面性。这就是我们常说的绝对真理和相对真理问题。所以科学精神的主要特征是实事求是和敢于向已有结论和权威挑战的一种精神。因此,教师在教学中不能为了应付考试只过分重视具体科学知识的数量和应用,从而忽视了对科学精神的教育,要结合教材内容,把科学精神的教育认真地落实到课堂教学中。

2.3.2 正确理解中学化学课程的基本理念

中学化学教学的目标不是"为学生未来成为化学家"打基础,而应当立足于学生适应未来生活和未来发展的需要,着眼于提高 21 世纪公民的科学素养。教师在教学中除了核心知识之外,不应该要求学生死记硬背很多的化学事实;除了最基本的技能外,不应该过分强调学生化学基本操作和技能熟练性,忽视了创造性;不应该让学生反复练习那些脱离实际的化学计算题。应该重视化学与社会,生活的联系和学生自己感兴趣的问题,鼓励学生通过观察、阅读、思考、交流与讨论、实验探究等方式学习,加深对化学现象和规律的认识,扩展对物质世界的认识,引导学生掌握探究自然规律的方法,揭示科学的本质,形成科学的世界观。

我们周围的世界是一个多样性的世界,人天生具有探究自然现象的本能和兴趣,对自然界一些现象的好奇、探究欲也是创新思维的动力之一,我们应该在教学中创设有价值的情境和问题,引导学生对同一个问题用不同的方法探究,寻找事物之间的规律性,培养学生的创新思维。强调知识获得的过程,强调过程体验,使学生在通过探究活动不仅获得一定的学科知识,更重要的是在学科实践的体验中理解科学知识、养成科学态度。如果把学习的目的局限于回答问题、做考题或竞赛题以求得高分时,追求多样性的积极性和创新思维便会受到极大的抑制,使得学生丧失主动学习的兴趣。

2.3.3　贯彻"以学生为本"的精神

在中学教育教学中,实施素质教育首先应该从学生个人的健康成长和发展的需要着眼,其次是国家、社会、家庭和职业的需要,然后是作为某个领域中的特殊人才的需要。因此可以把学生的素质归纳为四个方面,依次是:身心健康,逐步发展的安全意识;良好的品德、习惯,逐步提高的环境和法律意识;必需的科学、人文与社会知识,可持续发展的意识和学习要求;实用的技术和能力。教育的重要原则之一就是承认差异性。基本素质才是为人处世的根本,所以在进行学科教育的同时,必须始终把握住这个根本,否则往往会事与愿违。

2.3.4　以实验与生活为基础进行化学教学

化学是一门实验科学,化学的过去、现在和未来发展都依靠实验,化学理论几乎都是建立在实验的基础上形成的。化学家的设想、假说、理论都要求获得实验的证实或验证。在中学教学中如果实验只局限于验证原理、证实教材中的实验结果显然是不够的。如何创造条件让学生有机会动手、有兴趣地进行实验探究活动,使得整个实验过程生动活泼,学生们都能够从中获得自己的体验和印象,才是我们应当努力去实践的一种真正的化学教学过程。要提倡学生带着问题学习,在实践中体验,在体验中感悟,在感悟中创新,在创新中发展。

我们在教学中强调贴近生活、贴近社会的时候,应该引导学生体验和逐步学会从生活中发现化学,加深他们对化学基本概念和基本理论的了解及掌握,强化对科学技术和现代社会关系的认识与感受。所谓发现化学,主要是让学生在学习化学的过程中,逐步感受到化学无所不在,逐步认识到化学原理,有助于更全面地认识客观现象。在讲授元素化合物知识时,可以结合元素单质及其化合物在社会生活中的应用或高科技产品中的应用,增强学生的学习兴趣，同时引导学生认识科学、技术和社会之间的相互关系，认识化学与人类生活的密切关系。可以搜集一些图片生动地展现氢气、氮气在社会生活中的应用。比如利用金属的美丽、稀有、易造型等特殊性质造币。还可以结合人文内涵介绍金属造币的历史，如美国 1934 年停用金币，1971 年停用银币。用焦炭还原炼铁铜、锡可以塑造佛像，稀土元素在电视显示屏、激光中的应用等。

2.3.5 注重挖掘教材中的化学史

充分发掘教材中选用的经典史实中包含的教育元素，做到以史为鉴。在教学中准确地利用教材中的化学史、搜集的一些与教学内容相关的化学史料或从学科的新进展中选择的某些内容新颖、发现过程具有趣味性和启迪作用的事件作为新的化学史料，这些史料对提高学生的学习兴趣和探究意识能起到很好的作用，同时也能体现情感、态度与价值观的教育目标。例如，C_{60} 的发现史、能起示踪作用的发光水母蛋白、形状记忆合金、可燃冰等。在教学中引用化学史料时，应尽可能选取和本节学科基本概念、基本知识密切相关的内容，同时必须注重所选科学史素材本身的真实性和叙述（或评论）的科学性。不能为了增加趣味性而采取类似于"戏说"的方式任意添加甚至编造某些情节。教师在利用化学史教学时应着重阐明化学史中科学精神的核心理念和科学探究的过程和科学的思想方法。所以在选择与评价化学史中涉及的科学家及其化学史材料时，除确保事件的真实性外，不要求完整地呈现事件的全部过程。科学史料的教育作用，不应该仅限于励志，更应当着眼于科学素质的教育和提高。对前科学家的尊重和钦慕，应该体现在学习科学家的创造精神和战胜困惑时所表现出的极大智慧和勇气上。在学习和赞赏新的科学成就时，也该努力从中获得更多的启示和教诲。

2.4 初中化学教材的编写思想和知识体系

2.4.1 教材编制的原则

教材是连接教师和学生教与学活动的重要桥梁，也是课程的重要载体。

在基础教育中,教材一直处于十分重要的位置。教材编写的质量好坏直接影响着教师的教学活动和学生的学习活动。化学作为一门重要的自然科学,化学教育的宗旨是发展和提高学生的科学素养。学生通过教材这一化学课程的载体直观地学习化学这一学科的知识。编写教材时不仅要依据化学课程标准,同时也要考虑到学生已有的知识结构和身心发展特点,要使学生易学、乐学,既要渗透学法又要符合化学学科知识的逻辑顺序,因此教材的编写要遵循知识的逻辑顺序、学生的认识顺序和心理发展规律。教材的编写要考虑学生、学科和社会方面的需求,组织教材的内容,确定编写的单元,构建教材的体系结构和编写体例。根据教材所要求的教学目标,明确各章节的内容要求,并将课程标准中所建议的探究活动、学习情境素材与有关内容结合起来。

2.4.1.1　知识的逻辑顺序

化学学科有自己的知识体系,在编写教材时,精选一些能反映物质组成、结构、性质以及相互关系的客观规律的基础知识、基本技能,按照逻辑顺序编写。比如初中化学教材知识的逻辑顺序为:原子→分子→物质结构→元素符号→化学式→化合价→化学方程式→化学方程式计算;高中以物质结构结合元素周期律为主线,编排元素化合物知识,以物质的量为核心的化学计算,以化学反应速率和化学平衡为起点研究反应热力学和动力学的逻辑结构。

2.4.1.2　学生的认知顺序

根据人类对客观事物的认识规律,学生对知识的认知遵循感知→理解→应用的认知规律,学生的认知顺序有:①从感知到理解;②从已知到未知;③从特殊到一般。三者相结合,在理解的基础上再巩固应用。对于实验技能、计算技能的学习,遵循由易到难、由简单到复杂、从基本练习到综合练习、从模仿到创造的过程。

21世纪初制定的课程标准提出的三维培养目标:知识与技能,过程与方法,情感、态度与价值观,要培养学生科学探究的方法和过程,而化学是一门以实验为基础的科学,有其独特的认知规律,教师要引导学生掌握探究自然科学规律的方法,即提出假设→设计实验验证假设→得出结论→寻找规律→科学解释,如果假设和结论不一致时,需要重新提出假设,再设计实验验证等,这是化学学科的认知规律。编制教材时要遵循学生的认知顺序,并结合自然科学的认知规律。

2.4.1.3　学生的心理发展规律

教材的编写要考虑学生的心理发展规律,编写的教材才能让学生易学,从初一到高三,学生的年龄段是 12～18 岁,编写教材时要了解这个年龄段学生的心理特征,结合青少年心理发展规律。比如初中生有一定的抽象思维能力,但还是以形象思维为主,教材的编写要结合形象思维和抽象思维,在形象思维的基础上,培养学生的抽象思维能力,重点培养逻辑思维能力,加强透过现象认识本质的能力的培养,关注思维品质、思维习惯的培养。高中化学教材的编写尤其要进一步强化逻辑思维能力,严谨、周密的思维习惯,宏观与微观的思维转化能力等。

2.4.2　教材的知识与技能体系

下面以 21 世纪初我国人教版初中化学教材为例分析教材的知识体系和典型章节的内容。

2.4.2.1　人教版初中化学教材知识体系的整体分析

人教版初中化学教材以学科知识为基础,根据学科逻辑结构进行编排,比较系统,有利于学生系统地掌握学科知识。人教版初中化学教材有上下两册。其整体概况如下:两册化学教科书将学生所需要掌握的知识经过合理编排,划分为 12 个单元,分别是:走进化学世界,我们周围的空气,自然界的水,物质构成的奥秘,化学方程式,碳和碳的氧化物,燃料及其利用,金属和金属材料,溶液,酸和碱,盐、化肥,化学与生活。每一个单元又分为若干个主题,总共的课时数为 49 课时。教材每一个单元的编写体例呈现为:单元主题图—课题—讨论(活动与探究、资料)。学完本课题你应该知道—习题—本单元小结。教材以多角度、多层次以及多种不同形式的知识呈现方式把化学学科的知识展现在学生面前。在语言的表述上生动形象,在课本插图的选择和设计上更贴近学生的日常生活,给人一种耳目一新的感觉,有助于提高学生学习化学的兴趣和积极性。

2.4.2.2　人教版初中化学教材中的典型章节分析

以第十单元课题 1《常见的酸和碱》以及课题 2《酸和碱之间会发生什么反应》为例分析。这个章节中出现的科学知识主要有:酸、碱,酸碱指示剂中和反应的概念以及性质、应用及中和反应的理论。语言简明、浅显易懂。注重与学生已有的知识的衔接,学习情境素材的文字与图片交替呈现,充分考虑了初中生学习的心理特点。教材中对学生过程与方法、技能的培养主要体现在科学方法、科学探究能力上,呈现方式有"活动与探究""调查与研究""家庭小实验"等栏目。通过这些探究活动培养学生的化学思维能力、实验操作能力以及掌握科学的思想方法、探究自然规律的方法,掌握一些常见酸,如盐酸、硫酸、硝酸的特性和酸的通性,常见碱如氢氧化钠、氢氧化钙的特性和碱的通性,酸碱中和反应的反应原理等。教师在教学中要注重从分子、原子、离子的层次上引导学生认识实验过程中微粒所发生的变化。教材中化学实验内容的选择主要考虑以下要素。

(1)符合探究目标而且不确定因素最少的化学反应体系。

(2)合理的实验装置,包括安全措施等。

(3)合理而有序的实验步骤和合乎规范的操作技术。

对于教材中设置的拉瓦锡测定空气组成的实验的科学教育价值评价如下:就技术条件而言,拉瓦锡所用仪器设备在今天看来显然是极其简陋的(因而实验数据精度不够高),但是作为一个"发现性质"的实验来看,这个实验从化学反应体系的选择到实验方案的设计都做到了近乎完美的程度。不仅是因为汞的沸点较低(356.58 ℃),汞蒸气和曲颈瓶内空气中的氧气之间可以气态进行反应,因而反应速度较快;而且持续蒸发的汞可以使容器中的氧气耗尽,即反应比较完全;产物氧化汞密度低于汞,且不溶于汞,因此易于分离;氧化汞分解温度不高(约为 500 ℃),在同一装置中就能实现等。拉瓦锡的这个实验方案中的创新之处还有:证明了氧化汞分解所得气体是氧气,而且就是使汞转化为氧化汞时从瓶内空气中用去的那部分氧气。因为当氧化汞分解所得氧气回到没有和汞发生反应的剩余气体(主要是氮气)中去时,得到的混合气体与原来取样时的空气完全一致。这样细致而严密的设计,堪称科学实验的典范,因此实验结论的可信度极高。

第3章 初中化学教学策略与教学设计

初中化学的教学过程不仅是学生初步了解化学内涵的过程,同时也是为学生接触更加高深化学知识所作出的基础准备。因此在初中化学教学中,教师不仅要做好相关的基础教学工作,同时更应当重视学生在化学学习过程中的积极性与主观能动性,这时候良好的教学策略与教学设计在化学教学中就显得非常重要,教师要在化学教学过程中让学生真正从心里接受这门学科,这样他们才能够从被动的学习状态中脱离,主动去探究化学内涵,这对于他们化学核心素养的提升也有较大的帮助。

3.1 基于科学探究的初中化学教学策略

3.1.1 初中化学探究教学目标与内容

作为初中化学教学的重要内容之一,科学探究有着自己的目标体系和教学内容。初中化学课程标准指出,"科学探究是一种重要的学习方式,也是义务教育阶段化学课程的重要内容,对发展学生的科学素养具有不可替代的作用"。在教学过程中,要让学生有更多的机会主动地体验探究的过程,在知识的形成、联系、应用过程中形成科学的态度,获得科学的方法,在"做科学"的探究实践中逐步形成终身学习的意识和能力。这些表述集中体现了在初中化学教学中,实施探究教学要达到的目的和实现的目标,具体说来有以下三个方面。

3.1.1.1 增进对科学知识获得过程的理解,建立对科学的初步认识

(1)认识到科学探究是人类获取科学知识、认识客观世界的重要途径。

初中化学教学中的科学探究活动是让学生在类似于科学家探究自然界

未知问题的心理环境中学习和应用知识的过程。之所以要创设这种心理环境,就是为了让学生体验科学探究的过程,历经从未知到寻找事实、获取证据,再到豁然开朗或产生新的问题的过程,认识科学探究是人类获取科学知识的方法,从问题的解决中认识人类就是通过科学探究这种方式解决了一个又一个的难题,自身获得了发展,所以科学探究是人类认识世界的重要途径。

由此,在初中化学教学科学探究活动中,要使学生意识到提出问题和作出猜想对科学探究的重要性,知道猜想必须用事实来验证,知道科学探究可以通过实验、观察等多种手段获取事实和证据,认识到科学探究既需要观察和实验,又需要进行推理和判断。

关于科学探究的这些教学目标,是通过分散在教科书各部分具体内容的教学中实现的。在元素化合物、概念原理、实验等各种内容中都蕴涵着探究的问题和素材,几个版本的义务教育实验教科书中都设计、安排了多个探究活动。例如,人教版教科书设计了"对蜡烛及其燃烧的探究""对人体吸入的空气和呼出的气体的探究""化学反应前后物质质量变化的探究""二氧化碳制取的探究"等十几个探究活动;沪教版教科书设计了"探究空气的成分""微粒性质的探究""燃烧条件的探究""金属物理性质的探究"等20多个探究活动,等等。同时,教科书的其他内容,经过改造、设计,多数都可以成为科学探究活动的素材,可以让学生在探究活动中完成知识学习的任务。需要注意的是,要想让学生真正体验探究的过程,教师就一定要在课堂上创设未知的心理情景,也就是说,要组织学生探究事先不知道的结论,整个寻找结论的过程对于学生来说与科学家的探究过程在心理上是类似的。

(2)意识到科学探究过程的要素及要素间的联系。

通过初中化学课程中的一系列探究活动,要使学生意识到科学探究可梳理、归纳为几个典型的活动要点,我们称之为要素。这些要素主要有提出问题、猜想与假设、制订计划、进行实验、收集证据、解释与结论、反思与评价和表达与交流8个方面。

提出问题是科学探究活动的核心,是整个活动的灵魂。学生要能从日常现象或化学学习中,经过启发或独立地发现一些有探究价值的问题,并能比较清楚地通过书面或口头方式表述所发现的问题。猜想与假设对后续探究活动的设计和进行至关重要,要求学生能主动地或在他人的启发下对问题可能的答案作出猜想或假设,并且能运用自己已掌握的科学知识和生活经验对这些猜想或假设进行初步的评判和论证,剔除明显不合理或不可能的猜想,为后面的探究活动铺平道路;制订计划就是根据作出的猜想,学生在教师的指导下或通过小组讨论,提出活动方案,为后续的证据收集提供可操作的框架;进行实验就是根据方案积极地参与实验过程,较顺利地完成操作,并能在实验中观察和思考问题,应注意,进行实验不是科学探究活动中唯一的获取证据的方法;收集证据就是学生在活动中根据问题论证的需要,注意观察、记录、收集与问题相关的现象、数据、事实等,或运用调查、资料查阅等方式收集与问题相关的证据,并能正确表述;解释与结论就是学生能对事实与证据进行简单的加工与整理,得出结论,这是最重要的要素之一,也是探究活动的思维高峰,往往能揭示问题的本质甚至发现规律;反思与评价就是要求学生具有对探究结果的可靠性进行评价的意识,能对学习活动进行反思,发现自己与他人的长处及存在的不足,并提出改进意见;表达与交流就是能用口头或书面等方式比较明确地表述探究的过程和结果,并能与他人交流,且在交流中既敢于发表自己的观点,又能听取别人的意见。

在一个具体的探究活动中,这8个要素并不都是一定存在的,依据问题的内容、复杂性和难易程度,可能存在其中的某几个,也可能是某些要素反复出现。在探究中,要素的呈现顺序也不是固定的,如"进行实验"既可作为收集证据的途径,也可作为提出问题或作出假设的一种依据;"表达与交流"既可在得出结论之后,也可在制订计划之后、收集证据之前。

3.1.1.2 用科学的方法来解决和解释问题,发展科学探究能力

(1)学习基本的实验技能。

基本的实验技能是化学科学探究活动得以进行的基础和保证,这要求学生具有遵守化学实验室规则的意识,形成良好的实验习惯。在此基础上学习一些最基本的实验技能,这些基本的技能包括:能进行药品的取用、简单仪器的使用和连接、加热等基本的实验操作;能在教师的指导下根据实验目的选择药品和仪器,并能安全操作;初步学会配制一定溶质质量分数的溶液;初步学会根据某些物质性质检验和区分一些常见的物质;初步学会使用过滤、蒸发的方法对混合物进行分离;初步学会运用简单的装置和方法制取某些气体。

(2)在探究中初步学习比较、分类、归纳、概括等科学方法。

学生学习科学,进行探究,让他们像科学家一样去思考,即具备科学思维或具备科学思维习惯。这种习惯的获得,需要在为解决问题有意识地去获取证据的过程中和对科学事实的加工中完成。

在初中阶段的科学探究活动中,学生要具有初步的变量控制意识,对于多变量的实验、调查等,在设计和活动中必须明确要测量的自变量和因变量,哪些因素可能对测量构成影响而需要控制,即控制无关变量。

学生要能对事实与证据进行简单的加工与整理,初步判断事实证据与假设之间的关系,初步学会运用比较、分类、归纳、概括、演绎、抽象等科学推理方法对证据进行加工,在加工过程中,能够选择使用列表、绘制曲线、化学用语、模型等方法在事实与结论间建立起合理的联系,从而形成科学的认知结构。

3.1.1.3　发展学生对化学的兴趣,培养科学精神

(1)保持和增强对化学现象的好奇心和探究欲。

通过探究活动,要使学生能体验探究活动的乐趣和学习成功的喜悦,保持并增强对化学现象的好奇心和探究欲。这包含三方面的含义:一是通过对具有实际意义的、与化学有关问题的探究,使学生认识到化学对于个人生活和社会发展的重要意义,认识到化学在理解和解决与人类生存密切相关问题中的独特作用,认识化学知识和方法对于个人以科学和健康的方式生活的价值;二是通过探究活动,特别是通过探究活动对学生先有概念的矫正,让学生加深对科学的认识,初步感知科学的本质,让学生意识到对科学的认识在事实面前是不断被修正的,是可以改变的;三是通过探究活动培养学生的科学精神,即在对与化学有关问题的探究中培养学生尊重事实的求实精神、追求真理的求真精神、开拓创新精神、团结协作精神等。

(2)认识合作与交流在科学探究中的作用。

在探究活动中,学生间的合作是必需的,复杂的实验需要学生间的相互配合来完成,多层面的实验需要几个小组间的分工合作来完成。这是当今科学家科学研究中多层面合作的缩影,是需要通过化学课堂上的探究活动来体现的。交流可以互通观点,可以共享成果,特别是一个小组的实验方案或得出的结论需要经全班同学的评价,或被否定或得到承认,或被改造、修正,得出更科学的概括。这就是科学家们将自己的研究成果转化为科学知识的途径,只不过这里的"科学共同体"是全班同学,在共同的"范式"中讨论着自己的问题。

3.1.2　初中化学探究教学策略

探究教学是培养学生科学探究能力的主要教学方式,教师在教学过程中怎样才能实现化学知识落实与学生探究能力培养的统一? 教师在实施初中化学探究教学中应注意哪些问题? 通过调研目前初中化学探究教学中存在的主要问题,教师应在以下几个方面努力:以问题情景驱动科学探究活

动;以主体知识的获取作为核心设计和实施科学探究活动;根据实施条件设计不同的探究活动;注重学生探究能力和水平的评价。

3.1.2.1 以问题情景驱动科学探究活动

科学探究活动是以问题为核心的,发现和提出问题是探究活动的开端,找到问题的结论是探究活动的目标。建构主义学习理论强调学生要在真实的情景下学习,即学生学习环境中的活动要与学习结果被应用的环境相联系。这要求教师在教学中使用真实的任务,将学习领域内的一些日常活动或实践改编为学习任务,因为这些接近生活的、真实的、复杂的任务整合了多重内容,它们有助于学生用真实的方式来应用所学的知识,同时也有助于学生意识到他们所学知识的相关性和意义。所以,创设一个好的问题情景就能对整个探究活动起到驱动和推进作用。

纵观初中化学新课程实施几年来的教学实践,探究教学的问题情景大致可分为三类:

一是根据化学教学知识体系的逻辑关系,直接提出学科教学问题,其问题情景实际上是上下文的学科内容。如在进行"金属的活动性顺序"教学时,由于上节课介绍了几种重要的金属及合金,教师在一上课就直接给出"铁、镁、铝等金属都能与氧气、酸等反应,那么不同的金属的活动性都一样吗"的问题,然后引领学生设计实验的方案,再进行证据收集活动。

二是给出与研究问题或对象相关的社会或生活情景,在此基础上提出学科教学问题。如在进行"水的组成"教学时,教师先给出水在自然界的存在的图片、录像等资料,展示出水对人类的作用,水与大自然的关系,自然界中各种形态的水的美丽,然后提出"水对人类如此的重要,那么水是由什么组成的呢?"的问题,进而进入用电解法探究水的组成的活动;在进行"燃烧和灭火"的教学时,教师先给出人类利用火和火灾的大量图片和录像,然后指出"火能给人类带来光明与温暖,但利用不好,也能给人类带来灾难",再顺势提出"燃烧都需要哪些条件呢"这一问题,随即引领学生开始了燃烧条件的探究。

三是设计能贯穿一节课始终的问题情景,将教科书主题内容的学习镶嵌到任务完成之中,使学生在解决问题中学习化学知识。也就是在生活或社会的实际情景中提出问题,为解决问题开展探究活动,活动结束得出的结论就是要学习的化学知识,同时又解决了实际问题。如"物质的溶解"的教学,教师从学校旁边的一家洗衣店要洗涤一批被化学试剂(硫酸铜、润滑油、碘等)污染的工作服开始,为解决"如何来洗这批衣服"的问题,展开探究活动,在最后学生确定出洗衣服的方案时,已经学习了物质的溶解、溶质、溶剂、乳化、浊液等全部相关知识。

　　这三种方式各有利弊,无所谓好与差。第一类问题情景在教学设计中是最方便的,因课的逻辑主线是化学学科知识,而对此我们的多数教师是最熟悉的(但却不一定最适合学生的学习认识线索),一节课后学生对化学与生活关系形成的认识是浅层次的,参与探究活动的动机是化学知识学习的需要,似有为探究而探究的迹象。这种形式的问题情景也是在目前一线教学中最常见和最普遍的;第二类问题情景是教师在教学设计中花费了时间和精力去创设的,但往往在主题探究内容开始之后,这个情景被忘得一干二净,又恢复到了纯学科知识的探究方式之中,给人的感觉是情景和探究内容两张皮,可称之为"蜻蜓点水"地用生活或社会场景引入这种形式的问题。情景在目前的公开课、评优课活动中很常见,其优点是情景的创设比较容易,情景的选择范围大,生动的情景能激发学生的学习兴趣,美丽的图片能给学生美的熏陶。缺点是一节课中学生学习的心理逻辑主线是间断的,探究形成不了持久的动力和兴趣,长此以往学生参与课堂探究活动的兴趣会下降;第三类问题情景设计起来是最困难的,其适用范围可能较小,但其能让学生在解决生活问题时不知不觉地学习化学知识,润物细无声。一节课后学生对化学与生活关系的认识是深刻的,对科学探究的体验也是最深的,可形成牢固的心理影响,对学生化学学习兴趣的保持,对进一步探究欲望的激发也是深层次的和持久的。

　　何时、何种情况下选择应用哪一种方式设置探究活动的问题情景,需要根据教学的进程,教学的时间,教学的内容,课时目标与课程目标、单元目标的匹配和学生实际情况来确定,不能一概而论。但单纯就前节所述探究教学目标的达成和实现程度来说,第三类问题情景优于第二类问题情景,第二类问题情景优于第一类问题情景。

3.1.2.2　以主体知识的获取作为核心设计和实施科学探究活动

　　初中化学的教学内容是课程标准规定要求的,教学课时有限,而探究教学是需要时间的,对某一知识点若采用讲授式进行教学,可能只是几分钟的事情,但若采用探究教学可能需要一课时甚至两课时。解决这一矛盾,除了要合理安排探究活动的密度外,更重要的是要选准初中化学的主体知识作为探究活动的核心。使学生在体验探究的过程、学习探究的方法的同时,就可学到初中化学的主体知识,构建起知识的网络。新课程的实施经验证明,以这种方式学到的知识,学生的理解透彻,掌握牢固,更便于灵活应用。

什么是初中化学的主体知识呢?在浩瀚的知识海洋中,本着服务于学生未来的发展,适应社会发展的需要的原则,课程标准已经界定了初中学生需要学习的内容。但是,这些内容的学习并不是都需要用探究的方式来进行的,其中那些在化学学习的启蒙阶段,对构建化学学科知识体系最基础的内容,对形成基本的化学观念最有利的内容,与学生生活最为接近的内容应当是初中化学的主体知识。

3.1.2.3 根据实施条件设计不同的探究活动

化学课堂上科学探究活动的实施是需要一定的条件作为支撑的,除了所选择的探究内容是初中化学的主体知识并且具有探究价值外,问题的难易程度、学生的认知发展水平、学生已有的知识和经验、学校师资水平、教学的课时时间、班级规模、学校硬件条件等都会对探究活动的实施构成影响。

在设计探究活动的时候,应根据知识内容的特点,从学生的实际情况出发,先从开放程度较低的探究活动开始,逐渐转向开放水平更高的探究活动,循序渐进,使教学中多种形式的探究活动呈现出不同的水平层次。可从模仿探究开始,到有指导的探究,再到独立的探究,逐渐增大探究活动的开放程度。

在目前初中教学课时普遍较紧张的情况下,在日常教学中应较多地采用"碎片"式探究,即在提出问题、形成假设、制订方案、收集证据、得出结论等关键要素的某一两个上,让学生去思考和探究,其他要素则由教师直接或间接给出。在一个学期中开展两三次完整的探究活动,即从问题提出直至得出结论都具有开放性的探究活动。这样在整个的教学中,完整的科学探究活动与"碎片"式的探究活动相结合,学生既能经常参与并体验科学探究的过程,又能保证教学的进度和教学任务的完成。

班级规模和学校实验室条件也是影响探究活动的设计和实施的重要条件。一般认为,小额班级有利于探究活动的组织,但新课程实施几年来的经验证明,班级规模在50人左右的较大班级同样可以较好地进行分组的科学探究活动,关键在于教师的精心准备和有效的组织。学校实验室硬件条件直接影响着分组的规模和数量,经验表明,较为理想的小组规模一般以4～6名学生为宜,但这并不等于说在条件较差的学校,当全班只有一套仪器时就无法开展探究活动。经验恰恰给出相反的证明,即使只有一套仪器,教师也能组织起较为完整的科学探究活动,因为除了动手实验活动会因仪器问题而无法使每一位学生体验之外,其他要素都可在教师的组织下较高开放度地进行并理想地完成。

3.1.2.4　注重学生探究能力和水平的评价

评价是探究学习过程不可分割的一部分，从探究教学目标的多元化可以看出，评价不仅应重视学生知识与技能的理解水平，更要关注学生是否积极参与和经历了探究活动，是否在活动中形成了积极的情感体验。也就是说，评价的目的要着眼于能促进学生的发展，评价的主体应是多元化的，既有教师的评价，也有同学间的互评，还应有学生的自评。评价的方式也应是多样化的，既要有过程性评价，也要有终结性评价，既可以在探究活动中评价，也可以用答题的方式评价。

科学探究能力是内隐的，我们无法直接看到，只能通过学生在探究过程中的外显活动表现出来，评价者可以设计真实的探究活动，让学生的探究心理过程以行为的方式外显化，再通过对外显行为的观察来判断其科学探究能力水平，这就是学生科学探究能力和水平的考查。科学探究是一种活动，也只有在实际的探究活动中学生的探究能力才能表现出来。

3.2　基于观念建构的初中化学教学策略

3.2.1　依据学科特点的教学策略

3.2.1.1　统领具体知识策略

化学核心观念的建构是遵循认识发展的一般规律，借助于由浅入深的知识教学循序渐进地发展。鉴于核心观念对具体事实、核心概念的依赖性，促进观念建构的教学更加注重对知识的选择和使用，只是教学的重心从讲授记忆知识转移到思考使用知识。这就要求教师在某一单元知识教学之前要先于学生实现对本单元知识的观念性理解，以便把具体知识的教学与对单元主题的理解和观念的建构联系起来，增强知识教学的目的性和针对性。

具体分析，促进观念建构的教学要求教师首先要具备学科观念意识，在进行单元知识教学之前能从学科高度对本单元教学内容在学科体系中的地位、作用做出判断，明确本单元教学内容中蕴含着哪些可以帮助学生更加透彻地认识物质及其变化规律的思想方法，将其确定为单元教学的观念目标，为学生的思维活动指明方向。

确定了单元教学的观念目标之后,教师需要根据学生已有经验和教学内容将目标观念转化为基本理解。基本理解是化学核心观念的具体表达,是期望学生在单元知识学习中自我建构的认识或见解,它使单元教学目标更加明确具体。在此基础上,需要进一步考虑单元中哪些知识能够有效推动学生认知水平向基本理解的层次发展,这是一个对具体知识教学筛选、发现核心概念并用核心概念整合学习材料的过程。核心概念在单元学习中起着突出单元主题、凝聚学生思维的作用,它是架设在事实性学习材料和预设的基本理解之间的桥梁。

3.2.1.2 突出化学思维方式策略

学生通过化学课程的学习,不仅仅是理解和掌握化学基础知识和基本方法,更重要的是在认识化学学科特点的基础上,形成化学学科的思维方式,促进学生化学核心观念的发展。

化学学科的基本特点是在原子、分子水平上研究物质的组成、结构、性质和变化规律。化学家不仅从宏观上对物质的变化进行观察和描述,更重要的是从微观结构上对其进行解释,以深刻把握物质变化的本质规律。宏观与微观的联系是化学不同于其他科学最特征的思维方式,建立微观世界的想象力是中学化学不同于其他课程的特点,也是其他课程不能替代的。

化学学习的基本领域主要包括可观察现象的宏观世界,分子、原子和离子等微粒构成的微观世界,化学式、方程式和符号构成的符号与数学世界。在教学实践中,重视化学用语教学,引导学生从宏观、微观和符号三种水平上认识和理解化学知识,并建立三者之间内在联系,是促进学生化学学科思维方式形成的一种有效手段。

3.2.1.3 化学史策略

从化学发展史角度看,化学科学研究是不同文化背景下不同个体的实践活动。在运用化学史教学过程中,引导学生了解化学发展过程中所面临的问题,化学研究者为解决这些问题提出了怎样的假说、模型和理论。例如,在原子结构的教学中,讲解最具代表性的道尔顿(J. Dalton)、汤姆森(J. J. Thomson)、卢瑟福(E. Rutherford),波尔(N. Bohr)等人的理论和模型,不仅加深了学生对原子结构的认识,还能使其体验到化学探究的复杂与艰辛,有利于学生微粒观、化学价值观和科学本质观的建构。

3.2.1.4　化学实验探究策略

化学实验是探究和学习物质及其变化的基本方法,是科学探究的一种重要途径。化学科学研究需要实证与推理,注重宏观与微观的联系;科学探究过程包括提出问题和假设、设计方案、实施实验、获取证据、分析解释或建构模型、形成结论及交流评价等核心要素。

整体规划实验及探究教学,发挥典型实验探究活动的作用,选取真实的、有意义的、引发学生兴趣的探究问题,改变学生简单动手做实验的现状,强调高阶思维过程,促进学生化学核心观念的建构。

3.2.1.5　理论模型策略

在化学教学过程中,为了使教学更加直观,让学生容易理解,采用理论模型策略,通常以图片、视频、实物模型等媒介展现出来,在进行质量守恒定律教学过程中,运用分子、原子微观变化示意图,形象地描述化学反应过程中,原来化学键的断裂和新的化学键的形成过程,非常有助于学生对化学反应中微观变化的探析,有利于学生从本质上理解与掌握质量守恒定律的内涵。再如,电解氯化铜水溶液的实验,用不同颜色和形状的小球代表溶液中的不同离子,通电之前这些是自由移动的,通电后氯离子、氢氧根离子向阳极移动,氯离子变为氯分子并聚集为黄绿色气体逸出,铜离子、氢离子移向阴极,铜离子失去电子变成红色的铜单质,从而让学生"看清"实验的原理和本质,促进学生微粒观、变化观等化学核心观念的建构。

3.2.1.6　科学方法策略

科学方法如比较法类比法演绎法、归纳法等,运用到化学教学中会产生良好的效果。在化学教学中依据化学知识内容的特点,选择或组合一种或多种科学方法,以促进学生建构化学核心观念。

3.2.1.7　化学实践活动策略

在化学教学中适当开展化学实践活动,要将化学知识与其具体的应用结合起来,使学生认识到化学与我们的日常生活、社会、科技和环境是密切联系的,体会到化学学科的魅力所在,以帮助学生建构化学核心观念,体现化学的价值观。可以组织学生从化学与环境等角度,开展化学主题的研究性学习;围绕化学学习中涉及的工业生产,如金属冶炼工业、氯碱工业、硫酸工业、化工合成工业、新材料制造工业等开展实地参观活动,观看从原料到产物所经历的流程,反应需要的高温、高压等条件是如何实现的;此外,还可以组织学生去高校的实验室、研究所参观,激发其对化学科学研究的热情,让学生的认识更加深刻,促进学生化学核心观念的建构。

需要指出的是,上述教学策略之间并不是毫无关联的,对于不同观念的建构,教学策略的选择有倾向性。选择或组合上述教学策略进行化学教学,对学生化学核心观念的建构有事半功倍的效果。

3.2.2 依据学生认知的教学策略

3.2.2.1 先行组织者策略

先行组织者教学策略是奥苏贝尔针对有意义学习内部条件中的认知维度的,具体指学习新知识材料时呈现一种起组织作用的、概括抽象化程度较高的材料,把新的内容与学生已有的知识联系起来,帮助学生组织要想学习的材料。先行组织者具有教学定向的作用,是为学生学习新知识提供的一个要领和概括的参考框架,并以一种有组织的形式把新的内容、观点、概念和事实纳入该结构框架之中。

在观念建构的化学教学中,运用组织者策略使上位学习、下位学习、组合学习发生,完成新知识与旧知识的同化,丰富学生的认知结构,促进化学核心观念的建构。

3.2.2.2 创设最近发展区策略

教学首先要考虑学生现有的发展水平,调动学生学习积极性,使其达到可能的发展水平,然后以其达到的水平作为现有发展水平继续创设最近发展区,因此教学创造着最近发展区,学生的最近发展区是逐级上升的,如此使学生达到更高层次的发展水平。

基于观念建构的化学教学,利用最近发展区理论有助于学生对观念的建构。例如,在原电池的学习中,在学生已经知道原电池的构成条件水平上,教师可以提出更高的要求,让学生尝试设计原电池,使学生达到更高的发展水平,促进学生能量观和变化观的建构。

3.2.2.3 引发认知冲突策略

基于原有的经验知识,学习者可以对结果进行预期,但预期的常常和现实不一致,学习者产生认知冲突感,在认知冲突压力下,学习者进行同化与顺应,消除认知冲突,使新的平衡得以建立。

在观念建构的化学教学中引发学生的认知冲突,促使学生的错误观念转变,从而建构科学的化学观念,例如在弱电解质电离平衡的学习中,由于原有的知识经验,很多学生认为电离平衡是静止状态,可用动画模拟水溶液中离子的状态,使学生认识到化学平衡的动态的平衡,帮助学生建构科学的平衡观。

3.2.2.4　概念关系图策略

化学概念关系图的实质是以科学命题的形式显示,它能帮助学生弄清大量陈述性知识中的核心概念,通过文字和连线构成的命题形式,生动形象地表现出知识之间的意义联系。概念关系图可以使知识的结构清晰、简洁、明了,体现出化学学科的知识结构,合理使用化学概念图,在促进学生分类观的建构的同时,也有利于学生元素观、变化观等化学核心观念的建构。

3.2.2.5　WWHW 架构认知策略

WWHW 架构认知是山西师范大学梁永平教授提出的,他认为WWHW 架构能够提高化学学习者的认知水平,WWHW 架构认知即知识是什么(what),知识价值是什么(what),知识是如何产生的(how),知识为什么是合理的(why),以 WWHW 架构认知思考问题,在提升认知水平的同时,有利于学生化学核心观念的建构和深化。以"物质的量"教学为例,可采用 WWHW 架构认知策略如下:物质的量是什么(what),引入物质的量的价值是什么(what),物质的量是如何产生的(how),物质的量的知识为什么是合理的(why),以此引发学生的认知思考,以帮助学生定量观、微粒观、科学本质观的建构。

3.3　基于情感培养的初中化学教学策略

3.3.1　初中化学情感培养的教学目标与内容

3.3.1.1　情感、态度与价值观目标及内容分析

(1)初中化学中的情感、态度与价值观目标。

课程标准指出,通过义务教育阶段化学课程的学习,学生应在"情感、态度与价值观"方面的发展应主要包括:

①保持和增强对生活和自然界中化学现象的好奇心和探究欲,发展学习化学的兴趣。

②初步建立科学的物质观,增进对"世界是物质的""物质是变化的"等辩证唯物主义观点的认识,逐步树立崇尚科学、反对迷信的观念。

③感受并赞赏化学对于改善个人生活和促进社会发展的积极作用,关注与化学有关的社会问题,初步形成主动参与社会决策的意识。

④逐步树立珍惜资源、爱护环境、合理使用化学物质的观念。

⑤发展善于合作、勤于思考、严谨求实、勇于创新和实践的科学精神。

⑥增强热爱祖国的情感,树立为民族振兴、为社会进步而学习化学的志向。

这些目标既有对待自然、物质和科学方面的情感、态度与价值观,又有对待社会和自身发展方面的情感、态度与价值观。这些目标的实现不但有利于学生达到知识与技能、过程与方法方面的目标,同时也有利于他们的情感向着积极方面发展,有利于他们逐步形成正确的世界观和人生态度,有利于他们形成良好的科学素养和思想道德品质。情感、态度与价值观目标要求通过培养、保持、增强学生对生活和自然界中化学现象的好奇心和探究欲,发展学生学习化学的兴趣;培养辩证唯物主义观点和实事求是的态度;感受化学对日常生活和社会发展的影响等来培养学生的社会责任感、合作精神和爱国主义思想。

(2)对初中化学中"情感、态度与价值观"内容的分析。

情感是人对客观事物的态度的体验;态度是指人对某一客观事物所持的评价和行为倾向;价值观,可以说是态度的凝练,是个体的一些态度经过时间的冲刷而留存下来,融进了人格,最终变成了价值观。从横向上看,情感、态度、价值观具有相对的独立性,它们描述了人的情意领域的完整画面;而从纵向上看,三者又具有层次递进性,它们构成了一个由低级到高级的情意发展连续体。美国心理学家卡尔·兰塞姆·罗杰斯(Carl Ransom Rogers,1902—1987)认为:情感、态度、价值观是一个人在参与实践的过程中,对各种经验的体验结果。这种体验,一方面取决于他自己在参与实践的过程中直接产生的积极或消极的机体体验;另一方面也取决于因教师、父母、同学对自己作出的肯定或否定的评价而产生的体验。

①情感的内涵。化学学习中的情感是指学生在学习活动中获得的体验,这是与学生的求知欲、认识兴趣的满足、对知识和真理的探求,以及爱、快乐、审美情趣等丰富的内心体验紧密相关的。教学中,对学生情感的培养主要包括对化学的好奇心、学习兴趣、热爱祖国、关心社会、保护环境等方面的情感。

化学教学中,情感培养的核心是爱国主义。化学是培养学生爱国主义情感的重要载体,例如,教师通过介绍我国化学家在世界化学史上所作出的重大贡献,能让学生了解到祖国的伟大和民族的聪明才智,从而帮助他们形成"热爱祖国的深厚感情"和"强烈的民族自尊心和自信心"。情感培养的重点是社会责任感。当今世界能源危机、土壤侵蚀、荒漠化、环境污染等问题日渐突出,这些问题和困难的解决,又都离不开化学的发展。教学中教师要善于从生活中的化学常识着手,通过各种实验和实践活动来丰富学生对化学的感性认识,从而增强学生的社会责任感。

②态度的内涵。化学学习中的态度不仅是指学习态度,还包括乐观的生活态度、求实的科学态度、宽容的人生态度等。态度培养的核心是严谨、求实的科学态度。科学态度包括:实事求是,不带任何先验成分去探求事物的规律,严谨踏实、乐于并善于合作,有坚强的意志品质,表现出高度的果断性和坚持性;敢于标新立异,又能谨慎求证。态度的培养要求教师在教学中,要善于引导学生从客观事物中发现规律、独立思考,不轻信、不盲从,对问题敢于质疑,对问题能够深入探究;并鼓励学生敢于提出自己的见解,不断学习他人的长处,奋发进取。

③价值观的内涵。价值观作为一个比较宽泛和抽象的概念,它强调个人价值和社会价值的统一、科学价值和人文价值的统一,以及人类价值和自然价值的统一。化学学习中价值观的培养要求教师在指导学生学习的过程中,要善于帮助学生逐步建立起科学的物质观,树立崇尚科学、反对迷信、追求真理、敢于批判和善于创新的科学精神,并学会运用科学的态度和观点去评析社会问题的能力。

价值观培养的核心是可持续发展观,这包括积极的人口观、资源观、环境伦理观、人地和谐观等。这些价值观的建立,需要教师在教学中能引导学生去思考人类面临的挑战,理解化学对社会发展的影响,并懂得如何运用化学的知识和方法去治理环境,合理地开发利用化学能源以及有效地解决人类所面临的种种问题;引导学生去体会随着科学技术的进步,人类社会已进入空前繁荣与发展的时期,而与人类生活密切相关的衣、食、住、行等,无一不与化学制品有关,从而帮助学生学会从科学的视角去认识化学在社会生活中的作用,了解化学制品与人类健康的关系,自觉地选择科学的生活方式。

3.3.1.2　基于情感培养的初中化学课堂教学的现状及原因分析

在化学教学中,"知识与技能"目标一向是传统教学不断强调的,教师对这一目标的制定和实施驾轻就熟,目标的设置往往比较具体、明确;同时,随着新课程改革的不断深入,探究性学习亦愈来愈受到教师的充分关注,通常会投入很大精力去设计教学中的探究活动,从而使得"过程与方法"目标也得到了较好的落实;唯独对"情感、态度与价值观"目标,多数教师感到无从着手,因而常常处于被忽视的地位。具体表现在:

(1)"情感、态度与价值观"目标的设置比较空洞模糊。

①"情感、态度与价值观"目标大而空,缺乏针对性。

教学中常见的是,许多教师将"课程总体目标"直接拿来作为教学目标,从而导致课堂教学中情感、态度与价值观目标无法得到针对性的、具体的表达。课堂教学目标是教师在一节课(或几堂课构成的单元)里希望能实现的目标,它与特定的环境因素与师生因素密不可分;作为学习结果之表述的教学目标应该非常具体,必须是课堂教学结束后可以检测的,即使是情意领域的教学目标(如情感、态度与价值观目标)也要用行为描述的方式呈现出来。

由此可见,教师在确定课堂教学目标的时候,应更多地关注学生发展的可控的方面。那些试图把不可控的一面也纳入教学目标之中的做法,势必造成教学目标的"虚化"。

当然,目前教学中造成情感、态度与价值观目标"虚化"的另一原因在于:初中化学课程标准对"情感、态度与价值观"目标的规定只是一个大的框架,至于这些目标的行为表现是什么? 学习水平应该怎样划分? 分别要通过哪些教学主题去实现? 这些都需要教师结合自身知识素养、教学经验及课堂驾驭能力进行有针对性的解读和开发,课程标准本身并没有明确的阐述。如果教师只是简单地照搬照抄课程标准中的几条规定,那么情感目标的设置就必然是大而空,缺乏针对性和操作性。

②"情感、态度与价值观"目标的设置带有主观性和随意性。

作为自然学科,化学体现的是化学事实、概念、原理之间的因果联系,反映的是物质世界的客观性,这就使得"知识与技能"目标的确定往往具有较强的客观性、系统性和可检测性。但与"知识与技能"目标相比,化学中的情感因素却是隐含在教学内容之中,缺乏显性的表现,需要教师主动地去发掘和提炼;同一个教学内容,其蕴涵的"情感、态度与价值观"究竟是什么? 每位教师可能会从不同的角度和深度去理解,这就使得"情感、态度与价值观"目标的设置常常带有随意性和主观性。

课堂教学目标的设置很大程度上取决于教师个人的专业水平和修养,如教师的教学经验、专业知识和教学观念等。教师的教学经验是教师在教学实践活动中形成的。长期、有效的教学经验积累有助于教师正确地处理教与学的关系,更好地驾驭课堂教学。教学多重目标的实现往往是以活动或经验为载体的,教学经验的欠缺或积累不够的教师常常会出现"很难把握设置情感教学目标的分寸",从而导致在教学实施过程中"一抓就死、一放就散"的现象,因而不能有效地把握情感、态度与价值观目标实施的时机和节奏。教师的专业知识不仅包括化学学科知识,而且还包括教育教学和学科教学论方面的知识等。例如,在落实情感、态度与价值观目标时,教师就必须具备必要的教育学、心理学知识,了解中学生的年龄特点、心理特征,否则,方法不当反而会适得其反。

(2)有关"情感、态度与价值观"目标的教学设计缺乏有效性。

目前,有关"情感、态度与价值观"的教学在很大程度上还停留在资料的罗列、空洞的说教上,没有使之融为课堂教学的有机组成部分。"情感、态度与价值观"的教学常常因缺乏精心设计的教学情景和环节而成了课堂教学的附属品,学生缺乏深层的体验,难以唤起情感上的共鸣,从而导致教学缺乏有效性。

①有景无情,难以激起学生的情感活动。

课堂教学中,虽然许多教师也刻意设置了一些教学活动,但由于活动缺乏"情感"含量,致使活动情景只剩下了干瘪和枯燥的问题,很难引起学生参与的积极性,更不用说落实情感、态度与价值观目标了。例如,课堂上经常会听到类似的情景创设:"请设计实验证明:某生石灰样品是否发生了变质""现需要 1 000 g 0.9％的氯化钠溶液,如何利用氯化钠来配制"等,这些问题都属于去情感化的问题情景,很难激发学生的情感活动。

②负面情感、情景让学生产生畏惧心理。

化学品在使用过程中时有安全事故发生,造成悲惨的后果,以此来创设情景往往会对学生造成心理伤害,对化学产生畏惧感。但事实是,在实际教学中部分教师却乐此不疲,常常拿这些惨景来说事,如"食物中毒、甲醛污染、商场失火、化工厂爆炸、大气水源污染而导致的人体残疾"等,全然没有意识到所造成的不良后果,如在讲"常见的酸"时就展示"一张被浓硫酸严重灼伤的面孔",在讲"爱护水资源"时则必要展示一条条"散发着恶臭,泛着泡沫,漂浮着鱼虾尸体的,被污染成酱油色或血红色的小溪或河流"……甚至故意夸大、渲染事故的严重程度,使得学生"谈化学色变",一想到化学,就联想到"危害、危险、污染、恐怖"等字眼。

蕴涵丰富情感的问题情景有利于激发学生学习的欲望和兴趣。教师在创设化学问题情景时,要努力挖掘情景中的积极因素,要注意化学与化学品的区别,对于一些有关化学制品造成的负面事件,要善于从正面加以引导,要让学生能感受并赞赏化学对于改善个人生活和促进社会发展的积极作用,同时使学生认识到只要认真学习化学、掌握正确的使用方法,化学事故是能够尽量避免的。

③虚情之景,把化学课变成"标签式"的思想教育课。

一些教师往往把"情感、态度与价值观"教育等同于"唱高调、喊口号",忽视了对化学学科内在精神"真情实感"的发掘。例如,有些教师为了提高一些情景的情感水平,常常会不切实际地增加情景的感情内容,随意联系,大发感慨,让人听来不仅没有丝毫感动,反而感到空洞、无感而发、无病呻吟。例如,一位教师在讲解"水的净化"一课中"硬水的软化"部分时,先是讨论了本地区水质情况,指出硬度较大且有一定危害,诸如"洗衣泡沫少"浪费洗涤剂等;之后又提出硬水软化的方法,然后组织学生观看"蒸馏水制作"的教学短片,之后,便开始谆谆教导学生今后生活中一定要了解乡情、民情,一定要热爱自己的家乡故土,时刻牢记自己是一名中华儿女,我们的祖国目前还比较贫穷落后,我们一定要努力学习,建设美好的家乡,报效祖国等,一副"忧国、忧民"的模样,把一个课堂中的一个小问题盲目拔高到全民族的高度,反而让人有"虚情假意"之感,很难引起学生的共鸣。

可见,教学活动和问题情景的创设要正确处理"情"与"景",以及"问题"与"情景"的关系,坚持用积极的情感引导学生,用真实的问题激励学生,从而有效地促进学生认知能力的协调发展。那些不能科学引导学生在探究、解决问题的过程中去积极参与、体验情感活动的情景创设,甚至是伪造虚假情景的做法,都是要尽可能摒弃的。

④对"情感、态度与价值观目标"的落实采取排斥态度。

教师的教学观念支配着教师的教学行为,同样也会影响情感、态度与价值观目标的实施。在目前教学中,一些教师对"情感、态度与价值观"目标的落实采取排斥态度:一是认为必要性不大。例如,有些化学教师认为情感、态度与价值观目标的实施应是政治思想课的内容,所谓"情感、态度与价值观"教育净是一些"空话、套话、官话"或类似"喊口号",自己实施时感到很不好意思,更谈不上去落实"情感、态度与价值观"目标了。二是认为"情感、态度与价值观的培养"是与"升学、考试"对立的。以中考和高考为中心的升学考试制度一直深深地影响着中学化学的教学。由于情感、态度与价值观目标在当前的考试体制下很难进行明确、具体地测量,于是很多教师把"情感、态度与价值观"目标落实不下去或者不到位,归咎于考试和升学的压力,认为现在的化学教学"课时紧""容量大",再去花时间落实"情感、态度与价值观"目标纯粹是在"浪费宝贵的课时"等。

3.3.2　初中化学情感培养的教学策略

针对目前教师在进行初中化学情感培养的教学中存在的问题和不足，结合教学实践的研究结果，提出了如下的核心教学策略：教学目标准确、适切——细化解读"情感、态度与价值观"目标的策略；体验式活动推进——基于情感培养的教学活动的设计、组织与实施策略；问题、情景激活——基于情感培养的问题、情景的设置策略；评价导向——基于情感培养的化学教学中的评价策略。下面将结合具体的案例进行分析探讨。

3.3.2.1　教学目标准确、适切——细化解读"情感、态度与价值观"目标的策略

(1)细化解读"情感、态度与价值观"目标的必要性。

落实"课程目标"是实施新课程的关键，其途径是将"课程目标"转化成具体的、可操作的"教学目标"，师生通过一系列"教学目标"的达成而最终实现"课程目标"。化学"教学目标"是预期学生通过化学教学活动获得的学习结果，是化学"课程目标"在化学教学中的具体化。因此，"教学目标"的设置是否科学、合理，直接关系到整个"课程目标"的实现。

在教学过程中，教师将"课程目标"转化为"教学目标"的行为就是细化解读"课程目标"的过程，按具体化、可操作性不断深入的顺序，"课程目标"的细化解读通常包括：课程总体目标→学科课程目标→阶段教学目标→学期教学目标→单元教学目标→课时(或课堂)教学目标。研究制定"情感、态度与价值观"目标细则、界定目标层次，直至明确每一节课需要达成的"情感、态度与价值观"目标，是解决目前"情感、态度与价值观"教育中存在的诸多问题的前提。

(2)细化解读"情感、态度与价值观"目标的方法、策略。

①细化解读"情感、态度与价值观"目标的前提是梳理出教学内容与情感目标的结合点。"知识与技能"是达成"情感、态度与价值观"目标的重要载体，而"过程与方法"则是达成"情感、态度与价值观"目标的媒介。细化解读课程目标时，首先要结合教科书内容，梳理出教学内容与情感目标的结合点，挖掘出其中的情感内涵，提出相应的实施措施。因为"情感、态度与价值观"目标的实现不能只通过简单的说教，而是学生在掌握知识、技能的进程中，通过在具体的实践活动中的切实体验、感受和思考，逐渐形成和发展的。

②"情感、态度与价值观"目标的细化解读还需研究学生情意发展的现状和规律,明确学生情感培养的障碍点和发展点。例如,受生活经验及社会环境的影响,相当一部分学生在学习化学前已在不知不觉中形成了"化学即污染、化学即危险"等先验性观念,所以在教学目标的制定时,教师就必须从学生的实际出发,及时纠正学生认识上的偏差,帮助他们形成正确的观念。

③"情感、态度与价值观"的培养绝非是靠某一节课、某一周就能完成的,它更多的是在一个比较长的阶段,通过教师利用课程资源去渗透,让学生在活动中去体验,通过学生潜在的积累而获得的。因此,在细化解读"情感、态度与价值观"目标时,应该做好总体的统筹计划和安排,循序渐进、逐步达成。

④"情感、态度与价值观"目标的细化解读还需充分关注本校实际和校本资源的利用。任何课堂教学都是在特定的学校环境中进行的,因此"课程目标"的解读只有与学校里具体的学生、教师、实际条件(如仪器、设备、场地等硬件设施)等课程资源有效地结合,才更具有针对性、适切性和可操作性。

3.3.2.2　体验式活动推进——基于情感培养的教学活动的设计、组织与实施策略

"情感、态度与价值观"培养的基本原则是"体验",这就要求教师在教学中要善于设计、组织丰富多彩的、体验式的教学活动,让学生通过参与活动,认真观察、产生体验、获得感悟、不断积累、内化生成。化学教学中基于情感培养的、体验式的教学活动包括角色扮演、社会调查、研究性学习、专题讲座、科学探究、辩论赛、网络查询、考察调研等。下面就以角色扮演、研究性学习、考察调研等活动的设计为例,阐述一下体验式教学活动的组织与实施策略。

(1)角色扮演。

①活动目标。

在预先设定的研究主题下,教师指定学生分别扮演某种角色并进入角色情景去处理各种问题和矛盾,借助角色的演练来使学生理解角色进行决策的动因,从而培养学生学会从不同角度看待问题,帮助学生形成和谐、科学的价值观。

活动设计的具体目标为:培养学生从不同的角度看待问题的意识;使学生认识到看待问题的角度和决定处理问题的方法;通过活动使学生建立正确的价值观念;培养全局观念、合作意识。

②活动设计的要求。

合理选择充满利益冲突和矛盾的主题,并适当提供相关素材;合理分组,指导小组展开分析、讨论;小组选派代表发言,汇报讨论结果应力求条理

清晰、言简意赅，其他同学可以及时点评或补充；演出结束，教师要针对各角色发言中存在的问题进行分析和评论。

③活动的优、缺点分析。

主要优点包括：学生参与性强，学生之间、学生与教师之间互动交流充分，可以提高学生参与学习的积极性；有利于学生更深层次地分析和理解不同角色的决策行为；有利于提高学生的观察能力和解决问题的能力；通过演后指导，有利于学生及时发现自身存在的问题并加以改正。

主要缺点包括：表演效果主要取决于学生的水平（但教学应更关注过程，而不是结果）；角色扮演的侧重点及其问题分析限于个人，不具有普遍性；容易影响学生的态度，但不易影响其行为。

④适用范围。

角色扮演法适用于对"受多因素影响的研究对象"的分析，应注意和专题讲座、小组研讨等教学活动结合使用，才能产生更好的效果。

(2)研究性学习。

①活动目标。

项目研究是围绕一个满足"情感、态度与价值观"教育需求的项目而展开的，学生将自始至终参与一个项目（也可能是几个项目），教学的过程也就是项目完成的过程，学生将学习从项目设计、分析、开展，到最终实现等全过程中所需要的各种知识和技能，诸如信息技术、网络知识、需求分析，以及团队精神、合作能力、语言表达、分析判断等。

②活动设计的要求。

项目的选题必须有一定的难度，同时又能引起学生的反思和讨论；教师要事先提供一个项目开发的框架，引导学生来完成任务；项目开发的过程中，教师应提供一些没有固定答案的问题，来启发学生思考；学生要自主管理他们收集的信息，用于项目的完成；学生的工作应是公开的，教师可以看到各个项目的进展情况；整个项目实施过程中应有宽松的民主气氛；教师应对项目成果给予建设性的评价。

③活动的优、缺点分析。

主要优点包括：教学是在项目开发的基础上展开的，学生不仅学到了书本上的知识，也学会了分析问题、规划和设计方案、实现方案以及网络管理等各种能力；让学生动手开发一个接近真实环境的项目，学生能更深刻地理解一个项目开发的全过程，这能激发学生的积极性和创造力；有利于学生自主地建构自己的知识库；有利于学生之间的交流，培养合作精神。

主要缺点包括：项目完成的质量及培训效果主要取决于学生的水平；项目选题直接影响项目开发的质量；教学效果受项目过程中连续性评估水平

的影响。

④适用范围。

适用于没有固定答案的问题,可结合教学主题,与其他教学方法配合,贯穿教学的全过程。

(3)考察调研。

①活动目标。

考察调研法是指教师设定主题并组织学生直接接触研究对象,通过观察、访谈、感知等使学生获得感性认识,领会所学知识,形成一定观点的教学方法。它主要包括对特定对象(如绿色学校、工矿企业或科研院所)的参观考察和对特定主题(如城市河流污染问题)的访谈调研两种方式。

②活动设计的要求。

研究主题或考察对象要典型;教师要事先对考察路线和访谈对象有合理的设计;学生对即将进行的参观调研要有知识上和心理上的准备;要预先设定必要的任务和问题,让参观调研有备而来;参观调研结束后,要进行必要的分组讨论,学生要写出问题和收获,并进行交流;教师要对各组小结和发言做出分析和反馈。

③活动的优、缺点分析。

主要优点包括:直观鲜明,学生运用了多种感知方式去体验,因而能得到较其他教学方法更为深刻的印象;有利于学生澄清许多认知上的误区;活动真实生动,易激发学生的学习兴趣。

主要缺点包括:学习效果容易受学生和访谈对象自身水平的影响;成本较高;不容易掌握和控制学习的进度。

④适用范围。

常配合其他教学方法同时进行,以达到理论联系实践的目的。

3.3.2.3 问题、情景激活——基于情感培养的问题、情景的设置策略

问题情景是教学实践的情感环境,是教学活动发生和发展的背景条件。问题情景能够激发和促进学生的情感活动、认知活动和实践活动;能够给学生提供丰富的学习素材,有效地改善教与学。因此新课程改革特别强调通过创设恰当的问题情景来引发学生认知冲突、启迪思维、改被动接受为主动探究,落实"情感、态度与价值观"目标。

基于情感培养的问题、情景的设置策略主要有真实性、情感性、问题性、针对性和全程性。

(1)真实性。

真实是情景的生命,是问题情景所承载的认知性、情感性和实践性的基础和保证。学生只有在真实的问题情景中才能有效地进行知识的建构,促进对相关知识的理解和掌握。在教学中,教师要善于从自然界、现实生活以及科学史中选取符合学生兴趣的事实,把它们加工成具有一定问题功能的问题情景。

以化学史为例。化学史是落实"情感、态度与价值观"目标的重要课程资源。许多化学规律的发现、原理的建立,背后都有一段鲜为人知的动人故事。教师应充分发掘,将这些科学知识与有血有肉和有情有感的创造性活动联系起来,来帮助学生在了解化学知识的产生和发展过程的同时,学习化学科学的研究方法和思维方法,体验其中所赋予的科学态度和精神。

(2)情感性。

蕴涵丰富情感的问题情景有利于激发学生浓厚的民族自豪感、爱国热情以及学习化学的欲望和兴趣。另外,教师在创设化学问题情景时,要努力挖掘情景中的积极因素,要注意化学与化学品的区别,对于一些有关化学品的负面事件,要善于从正面加以引导,要让学生感受到,化学品对人类的贡献是巨大的,某些化学事故的发生只是由于我们没有按照科学的原理、方法进行操作,或是我们对未知世界的探究还不够深入造成的。

(3)问题性。

问题是问题情景的关键,也是问题情景的价值所在。因此,教师在创设问题情景时,一定要重视问题的研究,从情景中提取有助于教学开展的问题。问题的提出要具体、适中。对于复杂的问题,教师可以根据所要学习的内容,层层递进、有梯度地设计问题,引导学生由浅入深地进行探究。

(4)针对性。

所谓针对性,即问题情景的创设一定要围绕教学目标进行。教学活动是一种目标定向的活动,只有根据目标设置情景,才能避免无效情景和无效问题的产生。问题情景可以针对某一个目标设置,也可以根据整体目标设置;可以偏重于知识和技能、过程与方法,也可以偏重于情感、态度与价值观。

(5)全程性。

问题情景的设置往往在教学活动展开之前,但如果因此而把问题情景的功能就定位于新课之前利用有关实验、故事和问题来激发学生的兴趣,显然是不够的。问题情景的创设不仅要有新课引入的功能,更要具有驱动教学发展的功能,问题情景要随教学活动的发展而发展,情景中的问题应不断被深入挖掘,逐步将学生的思考和探究引向深入。为此问题情景可以一次性呈现,问题逐级设置;也可以问题情景分阶段呈现,问题不断更新,逐步地扩展、深入、充实,最后解决问题,完成学习活动。

3.3.2.4 评价导向——基于情感培养的化学教学中的评价策略

教学和评价是教育教学中紧密联系、相互促进的两个方面,只有将二者有机地结合起来才能更好地实现教育教学的预期目标。教学中,教师不仅要善于将"情感、态度与价值观"的培养有机地渗透到整个教学过程中,而且还要重视教育评价的功能,通过评价的激励作用促使学生形成积极的"情感、态度与价值观"。

"情感、态度与价值观"属于体验性的目标,对这些目标水平达成度的评价可以通过多种方式进行。

(1)在课堂教学中经常坚持积极有效的评价。

课堂上教师可以根据教学实际,采用科学合理的方式,及时、多次、灵活地实施"情感、态度与价值观"的评价。例如,在学习"使用燃料对环境的影响"时,关于"酸雨"和"环境保护"等内容,可引导学生在课下查阅相关资料,课堂组织他们进行交流、展示、评论,发表自己的见解。例如,有的同学展示了从网上下载的很多图片,如北京故宫保和殿后的"云龙陛石"在近几十年来腐蚀变化的情景、酸雨过后大片农作物枯萎的景象等;有的同学汇报了从当地环保部门访谈得到的、一些就发生在身边、因酸雨造成危害的翔实材料和具体数据;还有的同学阐述了自己对预防和治理污染的想法和措施;甚至还有同学设计了家庭小实验,模拟酸雨的形成过程及危害等。对学生的这些表现教师要抓住时机,及时进行评价,充分肯定他们强烈的环保意识、较广的知识面、较强的网上搜索能力和出色的创新实践能力等,大力表扬他们关心家乡、建设家乡和热爱家乡的这种强烈意识,赞赏他们勇于发表自己观点的勇气,宽容同学的异议甚至部分消极的观点,鼓励他们在看到污染引起危害的严重性的同时要增强学好化学治理污染的决心,从而激发他们努力学习化学的责任感和使命感。通过这些评价可以积极调动学生学习化学的热情,促使他们今后能主动关注与化学有关的社会和生活问题,并能做出合理的判断,初步学会运用化学知识去解决实际问题,逐步形成可持续发展的思想。

其实,课堂上教师一个赞许的眼神、一句鼓励的话语、一个轻抚的动作都是对学生情感方面的很好的评价,如果再能创设一个自由、平等、民主、和谐的课堂氛围和情景,就能更大程度地调动学生的学习热情和一种内在的需要,使学生在课堂教学中始终处于良好的情绪状态,获得积极的情感体验,享受发现和获取知识的愉悦,增强对未来学习的渴望和信心,从而在潜移默化中达到"情感、态度与价值观"的升华。

(2)通过活动表现进行评价。

活动表现评价是通过观察、记录和分析学生在各项学习活动中的表现,对学生的参与意识、合作精神、分析问题的思路、知识的理解和认知水平以及表达交流技能等进行全方位的评价。对评价结果以简单的方式加以记录,在比较、分析的基础上恰当反馈以激励学生进步。

例如,在"二氧化碳制取的研究"一课中,教师可以创设情景,展示实验台上的各种器材,然后让学生开动脑筋,利用已学习过的实验室制取气体时确定装置的基本原则,分组讨论,利用实验台上的器材尽可能多地设计、组装可以制取二氧化碳的发生装置,并分析评价各种装置的优缺点,选择一套最佳装置来制取二氧化碳。教师可以考查和记录学生在这个过程中的具体表现:通过观察学生的表情、实验操作的行为、参与探究活动的积极性及与同学合作的态度,通过与学生交谈了解他们获取知识的途径、设计实验的思路、实验后的感受等来做出综合的评价,评价学生在获取知识、技能和方法及提高探究能力以外,是否获得了亲身体验,是否激起了探究的欲望,是否学会了合作交流,是否分享到成功的喜悦等。

可见,这种注重过程、通过活动表现来进行的评价,能及时了解学生在活动中遇到问题时所作出的努力以及获得的进步,可以对学生的持续发展和提高进行有效的指导,真正发挥评价的促进功能,使学生获得真实的情感体验,从而有效帮助学生形成积极的学习态度、科学的探究精神和正确的价值观。

(3)充分发挥、进一步丰富传统的纸笔测验的评价方式。

纸笔测验是对学生学习评价的主要形式,同样也适用于对"情感、态度与价值观"的评价。教师要善于发挥并进一步丰富传统的纸笔测验的功能,采用多种方式,诸如开卷、闭卷、竞答、辩论、自编、自测、自评等方式来充分调动学生的积极性,创造一切机会让学生获得成功的心理体验,以引导学生形成积极的"情感、态度与价值观"。

在充分利用传统的纸笔测验对考生"情感、态度与价值观"进行评价的同时,教师还要积极挖掘和丰富纸笔测验的新形式。例如,每年化学诺贝尔奖的成果,既反映了当今化学发展的最新成就,又是历年中考化学的热点所在。教学中可以充分发挥学生的主体作用,引导学生自己上网查寻相关内容如科学家的生平、发现的过程、新技术的主要原理及重要意义等,并根据已学知识将这些内容自编成试题,然后相互考查、交流;对于和化学有关的社会热点、环境保护、能源危机等问题,也可以让学生多方收集资料编制成纸笔测验的试题,进行分组竞答、辩论等。通过这些方式形成的纸笔测验新形式,有效地调动了学生学习化学的热情,激起了学习化学的兴趣,充分感受到了现代化学和科学技术的魅力,增强了对科学的崇尚和对科学精神的追求;同时也使学生认识到化学对促进社会进步和提高人类生活质量方面的重要影响,增强了社会责任感。

但是,在发挥纸笔测验等多种有效形式进行评价时,教师还要注意避免盲目量化的倾向。对"情感、态度与价值观"的评价,其目的不是为了甄别和给学生评定等级,而主要是为了促进学生的发展和成长,因此教师要能认识到"情感、态度与价值观"目标在性质上的特殊性,更多地采用观察、逸事记录、访谈等质性评价,避免不当量化带来的错误,甚至是有害的评价。

3.4 初中化学教学设计及教学过程

3.4.1 初中化学教学设计

化学教学活动是一种专门组织起来的、旨在引起师生之间互感互动的系统活动,它具有严格的程序和周密的设计。教学设计不仅是教师将教育理念付诸实践的起点,也是决定教学活动效果的关键。

3.4.1.1 教材内容和学生分析

(1)教材内容分析。

在教学设计过程中,对于教材内容的分析主要包括以下几个方面。

①识别教材内容的知识类型。初中化学教材中的内容,从基础知识和基本技能角度来划分,大致可分为化学基本概念、化学基础理论、元素与化合物、化学用语、化学计算和化学实验等类型。从《课程标准》中的一级主题来看,主要分为科学探究、身边的化学物质、物质构成的奥秘、物质的化学变化和化学与社会发展。不同类型的教学内容具有不同的特点,因此必须采用不同的教学策略和教学方法。认识和理解教材,首先要分析将要学习的教材内容属于哪一种知识类型。

②确定教材知识与技能的要点。一方面要分析这部分教材内容涉及哪些知识点和哪些技能,另一方面要分析在这部分内容的教学中,学生必须掌握的知识和技能有哪些,以及为了让学生掌握这些知识、技能而安排的背景

材料、探究活动、例证或练习有哪些,并以此为切入点准确地找出教材内容的要点。

③分析教材内容之间的联系。首先要分析这部分教材内容的知识体系,其次要分析这部分教材内容与前后教材知识的联系,要特别重视分析要学习的内容和学生已学过的内容之间的联系。这样做可以使学生的学习建立在已有的知识基础之上,循序渐进、层次分明,有利于学生构建完整的知识体系。

④明确教材内容的地位和作用。也就是分析这部分内容在教材中的地位、作用和对学生后续学习的影响,以及对学生认知结构的构建、技能的掌握、思维的锻炼等的作用。

⑤知道教材内容的编排特点与呈现形式。即要分析教材内容的结构布局,以及以知识结构为框架呈现的、为学生设计的科学认识过程和方法。

(2)学生分析。

①分析学生的知识和技能起点。学生的知识和技能起点是指学生学习新知识、新技能所必须具备的知识和技能。学生的学习过程是新旧知识与技能相互作用的过程。教师可以通过教学过程中的摸底测验、与学生个别谈话、学习情况座谈、问卷调查等方式诊断学生的前期错误概念,了解学生原有的认知结构是否合理,明确学生已有知识与新讲授内容之间的逻辑关系。

②了解学生的情感、态度与价值观。情感、态度与价值观是教学目标的一个重要方面。了解学生对所学内容的态度及相关情感因素,对选择教学内容、确定教学方法、合理制订教学目标都有着重要的作用。学生的学习态度很难测量,但我们可以通过问卷调查、观察等方法加以了解。

③分析学生认知方式的差异。初中生处于抽象逻辑思维的起始阶段,他们能通过假设展开思维,具备一定的预估能力,基本实现了思维的形式化,对思维的过程具有较强的监控能力,且其思维的求异性较强。

3.4.1.2 教学目标的确定

教学目标是预期学生通过单元或课时教学活动获得的学习结果,它规定了通过具体教学过程学生应学会什么,是教学活动的出发点和归宿。在教学活动中,适当的教学目标,有助于教师合理地选择教学内容、设计教学策略、指导学生学习并进行教学测量和评价。

(1)根据化学课程目标体系确定教学目标。

对初中生在学习中需要掌握的知识,《课程标准》作出了概括的描述和明确的界定。在《课程标准》的内容标准中,每个一级主题以及下属的二级主题的标准都是针对相关内容的学习目标,这为化学教学目标的确定提供了理论和操作依据。因此在进行教学目标设计时,要以《课程标准》中的课程目标和内容标准为基础,从促进学生科学素养全面提高的角度出发,以知识与技能、过程与方法以及情感、态度与价值观三个维度为基础来制订教学目标。

(2)根据教材内容确定单元或课时教学目标。

教学目标的设计要结合具体的教学内容,正确把握教学目标的类型,如认知型、情感型等,以增强教学目标的针对性。在日常教学中,教师设计的一般是课时教学目标,但只有课时目标往往会导致教学缺少统筹安排,顾此失彼。因此,新课程倡导的是单元整体式教学目标设计。

(3)根据学生的知识基础和学习阶段确定教学目标。

教学目标应该是在学生已有学习准备的基础上,经过学生的努力能够达到的目标。由于不同学生所处的学习阶段不同,同一类型知识在不同教学阶段所对应的教学目标也不相同,因此,教师必须根据教材要求和学生的学习情况,合理定位教学目标。

3.4.1.3 教学目标的陈述

(1)当前教学目标陈述中存在的问题。

教学目标的陈述代表了目前许多教学设计中有关目标的陈述形式,教学目标陈述过程中会出现如下问题:

①行为主体矛盾或不一致。如"培养学生……"等,把教师作为教学目标的行为主体,而教学目标的真正行为主体应该是学生,因此,尽管"学生"二字不出现,它仍然应是隐含的主体。

②方法与情感目标过于笼统。在描述过程与方法以及情感、态度与价值观这两维目标时,显得过于空泛和宏观,似乎放在任何一节课中都适用,因此不能让人感受到这节课的教育价值,教师的教学行为缺乏针对性,教学目标的落实将大打折扣。在设计目标时,要尽可能挖掘并结合教材知识,考虑在某个教学环节中达到某个具体目标。

③教学目标流于形式。该教师制订的教学目标,看起来很全面,但教学过程中随意性大。这样的教学目标在教学过程中很难发挥作用,将导致课堂教学实践与教学目标的脱节。

④对方法目标认识不清。一些教师不知道什么是"过程与方法",误以为教学环节、教学方法和教学过程就是"过程与方法"。有的教师在课堂上实施了高质量的过程与方法的教学,但在教学目标中却不能恰当地描述。

（2）教学目标的四要素。

①主体。主体说明了教学的对象是谁。化学教学目标的行为主体必须是学生，而不是教师。

②行为。行为即通过学习，学生能做什么，或是有什么心理感受或体验。明确地表述教学目标需要恰当的行为动词，以使教学目标能清晰地表明预期的外显行为。一般用能够外观和测量的行为动词来描述学生所形成的可观察、可测量的具体行为，如用"写出""辨别""认出""解释""了解""掌握""知道"等词语来表述知识与技能维度的结果性目标，用难以测量的表示内在意识或心理状态的动词，如关注、感受、领会、体验等来表述过程与方法以及情感、态度与价值观维度的体验性目标。类似"明确研究化学问题的一般方法""体会学习化学的方法""激发学生学习化学的兴趣""培养学生的好奇心和求知欲""能运用化学方法解决简单的实际问题""激发社会责任感和使命感"的目标含糊不清，针对性不强，可操作性差。

③条件。条件是指影响学生学习结果的特定的限制或范围，主要说明学生在何种情况下完成指定的目标。条件的表述包含以下因素：环境因素（如地点）、人的因素（如个人独立完成，还是在教师指导下完成）、设备因素（如借助工具，使用特殊设备）、信息因素（如无需帮助，使用手册，上网查找资料）、完成行为的情境（如课堂讨论，实验探究）。

④标准。标准是指目标完成的最低表现水平，多用来测量学习表现或学习结果所达到的程度。除了用行为动词来体现差异性外，还可以用其他方式表明所有学生的学习程度。行为标准的说明可以是定量的，也可以是定性的，也可以二者都有，一般为三类：完成行为的时间限制，如"一分钟内完成"；准确性，即正确操作；成功的特征。

3.4.1.4　教学重点、难点的确定

（1）教学重点的确定。

教学重点通常包含以下几个方面：

①教材中的基本概念、基本理论、物质的化学性质以及基本方法与技能。

②学生自发产生的不科学的概念的纠正。

③起重要作用的实验等。

确定教学重点的方法：

①分析《课程标准》和教材，即在找出知识点的基础上，按上述三个方面确定教学重点。

②教师要熟悉中考试题。中考试题是专家多年来对初中化学各个方面

研究的成果,它不仅是考试的指挥棒,教师要更多地看到试题背后对知识与技能、科学方法、思想观念等的要求。

③通过教研组共同研讨,准确把握教材知识的结构、关键内容和处理方法。

(2)教学难点的确定。

教学难点通常包含以下几个方面:

①缺少基础的知识,如化合价等。

②过于抽象的知识,如分子和原子等。

③易混淆的知识,如元素和原子等。

④环境因素,主要是指由于不同班级的学生水平不同,在 A 班不成问题的知识点而在 B 班就变成了难点。

确定教学难点的方法主要是分析学生的实际情况和利用教学经验的积累。教学中,教学重点很可能是教学难点,但教学难点不一定是教学重点。

3.4.1.5 教学方法的选择

教学方法是教师将教材内容有效地传授给学生的保证,它往往受教育思想和教育教学理论、教学内容、学生心理和生理特点、教学媒体、教师教学风格和授课时间的制约。教学方法有多种,但没有通用的方法,"教学有法,教无定法"其实就是这个道理。为实现教学方法的最优化,常常需要在教育教学理论的指导下,对常用的接受式教学、合作式教学、探究式教学、自主式教学等教学方法进行优化组合,发挥各种方法的长处和优势。

通常情况下,物质的物理性质、化学性质等知识的教学常常采用实验探究法,以培养学生设计实验方案、观察实验现象、动手操作、分析并得出实验结论的能力;而化学方程式的计算等知识的教学一般采用讲授、讨论、自学等方法,以培养学生的推理能力、演绎能力和抽象思维能力。

教学方法作为保证教学过程质量的重要工具,在教学设计过程中是不容忽视的。精心设计了教学内容、充分了解了学生,但忽视了教法的选择,教学活动仍然是不完美的,甚至会因为教学方法选择得不恰当,而使得之前的努力付诸东流。只有教学方法使用得当,才能保证将教师对学生特点的掌握及对教材的精准分析功力体现出来,才能准确而高效地把教材的信息传递给学生。

3.4.1.6 教学媒体的选择

教学媒体是教师在教学过程中为培养学生而采用的承载信息、传递经验的手段和工具。教学媒体的选择和利用也是教学设计中的一个重要环节。

（1）教学媒体的分类。

按照人与外部接触的不同器官来划分，可分为视觉媒体、听觉媒体、视听结合的综合媒体。

按照物理形态来划分，可分为印刷媒体（教材、练习册、报刊）、光学媒体（投影仪、幻灯机）、音响媒体（电视、录影机、教学软件）、综合媒体（计算机及相应的教学软件、视听室）。

网络时代的新媒体：多媒体、超文本、超媒体、虚拟实验室等。

（2）教学媒体选择的依据。

在教学过程中选择何种教学媒体要考虑以下几个因素：

①教学目标。对于技能训练类的目标，首选教学媒体是实验仪器。如让学生掌握氧气的制法及其操作步骤，选择的媒体应该是试管等相关的实验仪器，以方便学生动手操作练习。教师应给予必要的指导，及时提供操作正误的反馈，帮助学生掌握相应的技能。对于认知类的教学目标，可选择印刷材料、图片、动画等媒体展开教学。

②教师因素。教学媒体的设计者、使用者是教师，教师对媒体的特性和媒体在教学中作用的认识，以及教师对媒体使用的熟练程度等，都将直接影响最终的选择。

③学生因素。学生的年龄、知识背景、认知风格、学习态度等对教学媒体的选择也有很大影响。如对于初三的学生和高中生，对于城市中学和农村中学的学生，在教学媒体选择方面应有不同的侧重。

④学校的条件。学校的硬件设施对教学媒体的选择有很大的制约，如有的学校的实验室无法满足教学的需要，缺少实验经费；有的学校虽然安装了计算机，但没有大屏幕等配套设施。在这种情况下教师选择教学媒体的空间就比较小。

⑤人为因素。学校领导和教师本人的教学思想、教育理念等也会影响教学媒体的选择，如有的学校为了片面追求升学率，或是为了减少学校的经费开支，尽量不开或少开实验课。

（3）教学媒体的使用。

①教学语言。教学语言是教师传授知识、与学生进行沟通的桥梁，运用得好，可使教学取得事半功倍的效果。在课堂教学过程中，首先，在知识传授上，教师必须表达准确，逻辑性强，不能犯科学性错误。其次，要吐字清晰、形象生动，让学生易于接受和认可。再次，教学语言要带些幽默，感染学生，这样才能使学生积极投入学习中来。教学语言的得体与否直接影响着

学生的学习效果。最后,要有良好的语言表达技巧,争取用自己特有的语言技巧获取最好的教学效果。

②教学板书。板书是一节课主要内容的浓缩,是对一节课的内容进行的"简笔画"式勾勒,其作用主要是使学生通过对板书的观察和回顾,对本节课的内容有整体的把握,从而对所学内容进行全面的梳理。因而教师必须重视板书的设计和书写。其基本要求是简要工整、布局合理、脉络清晰。板书的版式有很多种,但不管是哪种版式,关键是能否给人以启发,能否给人以一种简洁的美感。

③现代信息技术。时代在不断进步,教学媒体也日益丰富。教学媒体使用的基本要求是合理、规范、高效。教师在使用现代教学媒体辅助教学时,必须根据教学需要合理利用,尽可能发挥信息技术的作用,在操作时力求规范、高效。

④化学实验。化学是一门以实验为基础的科学。在化学教学过程中,许多概念、原理、规律都是从实验得来并最终由实验加以论证的。可以说,化学实验是化学教学的基础,是学生学习化学知识、掌握技能的重要方法。演示实验,是通过实验演示引发学生的观察与思考,从而认识物质的性质及变化规律的一种教学方法。精心设计、合理布局的演示实验具有高度的艺术性,是化学教学设计的重要组成部分。

教师要合理选择演示实验,课前充分准备,合理设计实验装置,力求操作的规范与熟练,使演示实验与教学内容结合紧密;注意发挥实验的教育功能,启迪学生的思维,培养学生的实验能力、科学态度和创新意识。

在实验过程中,教师要注意实验操作的规范性、实验结果的准确性以及实验过程的全局性。

另外,教师要为学生提供开展实验探究活动所必需的各种学习条件和学习资源,使学生的探究活动能够正常开展;设计的实验探究活动内容要与学生的实际水平相符,活动中要及时给予学生指导和帮助。

3.4.1.7　教学活动设计

(1)教学活动的一般过程。

教学活动即教学过程中的师生双边活动。从学这个侧面来说,教学活动属于学生的学习活动,主要包括认知活动和情感活动,它遵循人类学习过程的认知规律。从教这个侧面来说,它属于教师的教学活动,是一种影响学习活动的外部条件或外因。当教学活动的设计符合学生学习的内在规律时,就能有效地促进学习。一般说来,化学学习活动过程分为发动—定向、感知—预备、加工—形成、联系—巩固、应用—发展和检查—调控等阶段。

当学习内容、学习情境不同时,各阶段的具体活动内容也有所不同。

化学教学活动设计要重视以下几点:

①要体现现代教育理念,发挥教师的主导作用,突出学生的主体地位。

②要根据学生的学习特点和认知规律设计教学活动。

③要根据教学目标的性质设计相应的教学活动。

④一节课中的教学活动应灵活多样,突出重点,努力实现教学过程的最优化。

(2)教学活动的结构化设计。

教学过程是通过一系列的教学活动来完成的。在一个单元或一节课中,应该整体设计结构化的教学活动,按最优化的原则合理安排学生的学习进程。

对于结构化的教学活动,可以这样理解:

①不同类型、水平的知识需要不同的教学方式和活动。

②活动必须是有效的,内容的选择应从学生实际水平出发,活动内容应真正触及学生认识中有待解决的问题,活动过程应和学生的认识真正发生作用。

③活动和活动之间要有明确的内在联系,用知识结构统领教学过程,根据学生的困惑来建构学生的认知结构。

④活动与活动之间是相互关联和影响的。从上一个活动到下一个活动,学生认知、情感的发展脉络应是连续的,并且是不断递进的过程。

化学教学活动设计需要考虑如何将知识的逻辑结构与学生的认知结构有机地结合起来,并运用恰当的教学方法与手段、适当的教学组织形式,引导学生合理建构知识体系,培养学生理论联系实际的能力。

教学活动是一个动态的、充满了复杂性和不确定性的过程,其间会遇到各种问题和突发事件。再高明的教学设计专家,也难以事先预料互动场景中将要发生的一切。

所以从本质上看,初中化学教学设计是一种教学问题求解,并侧重于问题求解中方案的寻找和决策的过程。因此,教师应该成为教学的设计者和开发者,成为教学设计专家,这是提高教学质量、搞好教学改革的关键,也是确保实现面向学习者进行化学教学设计这一转变的必要前提。要实现这种转变,教师必须发挥创造性。只有不断地进行研究与创新,才能设计出学生易于接受并能调动学生积极参与的教学方式,从而为学生创造良好的学习环境,激发学生的学习兴趣。

3.4.2 初中化学教学过程

3.4.2.1 创设学习情境

所谓学习情境,是指知识在其中得以存在和应用的背景环境或活动,其中蕴含着与实际问题和当前学习内容相联系的学习材料。其特点和功能是能够激发和推进学生的认知活动、实践活动以及情感活动。

研究表明,良好的情境能使人产生愉快的情绪,提高大脑的活动效率;不良的情境会使人难以集中注意力,从而干扰认知过程,降低智力活动的水平。所以,在课堂教学过程中为学生创设良好的学习情境非常重要。

学习情境有多种,以其功能为根据,可将学习情境分为问题情境和体验情境。学习情境主要有以下特点:第一,与学生的学习生活实际相联系,具有真实性和情感性;第二,内部蕴含主题,具有典型性和启发性;第三,感性因素比较丰富,具有直观性和生动性。

创设学习情境是教学过程的重要环节,其意义在于通过情境为学生提供生动的学习材料,引发学生的学习需求、兴趣和动机,促进学生主动学习,引导学生加深对知识的掌握和内化。这就要求教师积极开发学习情境所需要的素材资源,为学习情境选择适当的素材及呈现形式。学习情境呈现的形式有多种,教师应根据不同类型的教学目标和教学内容,针对学生的实际创设不同的学习情境,以达到教学过程的最优化。

(1)利用实验创设问题情境。

化学是一门以实验为基础的学科,化学实验中各种生动鲜明的化学现象,为学生提供了丰富的感性认识,能促进学生多种感官的同时参与,提高学生大脑皮质的兴奋度,从而激发学生的学习兴趣。因此,精心设计的实验,能在带给学生惊奇、不解和矛盾的同时,促进学生建构新旧知识之间的联系。

(2)通过新旧知识的联系来创设问题情境。

学生原有的知识是理解新知识的基础,在教学过程中利用学生原有的知识来创设情境,引导学生建立新旧知识间的联系,有助于学生充分运用已习得的知识和经验,积极地进行分析、判断,并借助于已有的知识去获得新知识。

(3)利用学生的认知矛盾创设问题情境。

将一些"定论"形式的陈述材料设计成引导学生探究的"问题"形

式,可以引起学生的疑问,造成学生的认知冲突,激发学生学习、探究的欲望。

(4)从社会生活现象及知识应用入手创设学习情境。

化学与生活紧密联系。生活中处处涉及化学知识,从化学在实际生活中的应用入手来创设情境,既可以让学生体会到学习化学的重要性,也有助于学生利用所学的化学知识解决实际问题、学以致用,有利于激发学生的学习兴趣,促进学生创新思维和能力的发展。

3.4.2.2　设计有效提问

课堂教学过程中,教师要对学生提出问题,这些问题可分为两类,一类是徒劳的问题,另一类是重要的问题,而区别二者的标志就是看问题是否有效地调动了学生的思考。设计的问题应在学生"应发而未发"之间,在"似懂与非懂"之间,在学生的思维卡壳之处。教师要设计启发式的提问,让学生感受到问题的价值,并进入解决问题的思考状态。

一般说来,同一个问题可以从不同的侧面提出,提问的角度不同,效果往往也不一样;不同的问题采取不同的提问策略,选择不同的提问方式,效果也往往不同。

(1)再现知识的回忆性提问。

这种提问可以让教师了解学生对相关知识掌握的程度,也能帮助学生从已有的知识结构中提取出相关知识,并将其作为学习新知识的起点。

(2)由旧知引发新知的启发式提问。

问题的设计要注意结合学生已有的知识经验,由浅入深,层层递进。在讲授难度较大的知识点时,要善于补充搭桥式的问题,以降低教学难度。

(3)引导学生深入思考的递进式提问。

在传授知识时要多引导学生主动思考。递进式提问既能帮助学生全面而准确地掌握知识,又能引导学生深刻思考问题。

3.4.2.3　组织探究与交流

科学探究是学生积极主动获取化学知识和认识、解决化学问题的重要实践活动,它不仅是一种重要的学习方式,也是初中化学课程的重要内容。教师可将探究与交流的组织划分为 5 个阶段:让学生接触问题情境、帮助学生认识情境材料中的某个概念或问题、引导学生提出问题并作出假设、鼓励学生设计实验并通过实验探究形成结论、反思与评价。

3.4.2.4 引导学生概括小结

概括小结就是对新知识加以分析、综合、抽象、概括,使之规律化、结构化、系统化的过程。概括小结是教学过程的重要环节,是课堂教学成败的关键。一般说来,只凭学生自己的知识和能力,要达到教学目标是不可能的,因此要发挥教师的指导作用。指导学生概括小结,可以锻炼学生的表达能力。同时,在教师的启迪下,学生也能深刻理解教材,实现实践到理论的一次飞跃。

第4章　初中化学教学技能
与实验教学

　　所谓教学技能,是指在课堂教学过程中教师运用专业知识及教学理论促进学生学习的一系列教学行为方式。它包括动作技能和心智技能两个方面。前者是指教师在教学活动中为顺利完成某项教学任务的一系列的实际动作,后者是指教师为顺利完成某项教学任务,借助于内部言语在头脑中进行的认知活动方式。化学教学技能则是在化学学科特征的基础上的教学技能,主要包括创设教学情境的技能,组织、指导学习活动的技能,呈现教学信息与交流的技能,课堂教学调控与管理技能等。

　　实验是化学教学的基础,它以丰富的内涵在化学教学中发挥着独特的功能和作用。正确认识化学实验的多种教育教学功能,对于深化化学实验教学理论、培养学生科学的实验素养、全面提高化学教学质量,具有重要的理论和实践意义。本章主要介绍初中化学教学技能,化学实验的教育功能、结构及组织,化学实验教学形式,化学实验教学改革等。

4.1　创设教学情境的技能

4.1.1　创设教学情境的方法

　　德国一位学者有过一个精辟的比喻:将 15 g 盐放在你的面前,你无论如何也难以下咽。但将 15 g 盐放入一碗美味可口的汤中,你早就在享用佳肴时,将 15 g 盐全部吸收了。情境之于知识,犹如汤之于盐。盐需溶入汤中,才能被吸收;知识需要融入情境之中,才能显示出活力和美感。在教学过程中,不同的教学情境会产生不同的学习效果,一个好的教学情境会起到事半功倍的效果。因此,研究教学情境的创设,是提高学习效果和教学质量的重要方面,那么,如何创设化学教学的情境呢?

4.1.1.1 从化学与日常生活的结合点入手，创设教学情境

化学与日常生活密切相关，学生的衣、食、住、行，处处离不开化学。化学新课程中的许多内容都与学生的日常生活有着紧密的联系，例如，在学习"认识化学元素"时，可用图表"人体中的化学元素"来设置教学情境；在学习"化学与能源和资源的利用"时，可以联系家庭中所用的合成材料（如塑料、橡胶制品等）创设教学情境；在学习"溶液""悬浊液""乳浊液"的概念时，可以联系日常生活，如盐溶于水后形成溶液，马铃薯粉在水中形成悬浊液，用肥皂洗油迹形成乳浊液，用汽油洗油渍形成溶液；在学习"酸、碱、盐"的概念时，可以结合生活中一些小窍门创设教学情境，如"如何除去鱼胆的苦味""为什么有的馒头松而多孔"等。从学生在生活中的应用入手创设教学情境，既能引起学生学习化学的兴趣，又可以让学生从感性上体会到学习化学的重要性，同时又有助于学生利用所学的化学知识解决实际问题，提高知识的实际应用能力。

4.1.1.2 从化学与社会的结合点入手，创设教学情境

现代社会离不开化学，化学与社会紧密相连。当今社会许多热点问题、突发事件都可以作为情境素材。例如，在学习"地球周围的空气"时，可以从大气污染、城市"环保汽车"的兴起、新能源的开发利用等社会热点问题找取情境素材；在学习"化学与能源和资源的利用"时，可利用中国的化石能源、沼气、天然气，"西气东输"工程等设计教学情境；在学习"化学物质与健康"时，可向学生介绍毒品对人体的危害，告诫学生要远离毒品，也可用吸烟者的肺部病理照片、录像或图片，教育学生吸烟有害健康，也可从近几年出现的酒精中毒、工业用盐中毒、变质食物中毒以及"二噁英"等事件中提取情境素材。总之，"现代化工业生产与技术""化学与新材料""化学与新能源""化学与生活""化学与生命科学""化学与环境"等学科知识都可成为设计教学情境的丰富素材。

4.1.1.3 利用问题和认知矛盾创设教学情境

适宜的情境一般总是跟实际问题的解决联系在一起。一方面利用问题探究来设计教学情境，便于展开探究、讨论、理解以及问题解决等活动，是化学等学科适用的创设情境的有效方法。利用学生认知上的矛盾，如新旧知识的矛盾，日常概念与科学概念的矛盾，直觉、常识与客观事实的矛盾等都可能引起学生的探究兴趣和学习愿望，形成积极的认知氛围，因而都是用于

创设教学情境的好素材。

4.1.1.4　利用化学实验创设教学情境

化学是一门以实验为基础的学科,通过化学实验进行学习是化学教学的特点之一。实验是设置情境的重要方式,实验不但可以提供大量的情境素材,而且能够重现、强化、突出各种化学现象,富有真实性、知识性、应用性和趣味性。利用实验可以设置许多生动、有趣的情境。

4.1.1.5　利用化学史料创设教学情境

化学科学发展史是一部生动曲折的科学史,在化学科学发展的进程中,有许多感人至深的故事。在化学教学中,应用化学史料创设教学情境,能引发学生的兴趣,引导学生去追踪化学发展的轨迹,学生会获得一种对化学知识的亲近感,增强他们的主动探求精神。同时将知识的学习放在一定的人文历史背景下,使学习具有良好的精神支柱和积极的价值,对学生的学习效果是不言而喻的。例如,在学习"燃烧"的概念时,可以向学生介绍人类对火的发现和利用;在学习"认识几种化学反应"的知识时,可以用中国古代的"湿法炼铜"设计教学情境;在学习"金属与金属矿物"时,可以介绍中国古代金属冶炼的成就和当代金属材料的开发利用。

4.1.2　创设教学情境应注意的问题

4.1.2.1　情境作用的全面性

一个适宜的、良好的教学情境,不仅包含着促进学生智力发展的知识内容,又能帮助学生建构良好的认识结构,同时应蕴含着促进学生非智力品质发展的情感内容和实践内容。因此,教学情境的设计不应该仅仅满足某一方面的需要,还应同时为情感教学、认识教学和行为教学服务。当然,局部的情境设计可以有所侧重。

4.1.2.2　情境作用的全程性

有人认为,设计教学情境就是在新课教学之前利用有关的实验、故事、问题等来激起学生的学习兴趣,调动学生的学习积极性,引出新课。实际上,教学情境设计的功能不是传统意义上的导入新课,情境不应该只是在讲解新课前发生作用,它应该在整个学习过程中都有激发、推动、维持、强化和调整学生的认知活动、情感活动和实践活动的作用,即在教学的全程发挥作用,为此,教学情境可以分阶段设计,逐步地扩展、深入、充实、明晰。

4.1.2.3 情境作用的发展性

教学情境应该具有促进学生产生继续学习的愿望,有利于激发和增强学生潜能的功能。因此,在创设教学情境时,不仅要考虑学生的现有发展水平和已有的知识基础,还要考虑不同年龄段学生的"最近发展区",既便于提出当前教学要解决的问题,又蕴含着与当前问题有关、能引发进一步学习的问题,形成新的情境,利于学生自己去回味、思考、发散,积极主动地继续学习,达到新的水平。

4.1.2.4 情境的真实性

建构主义认为,如果要求学生能用所学的知识和技能解决真实世界中的问题,就必须使学生学习和应用的情境具有真实性。情境的真实性决定了学习方式的有效性,以及所学知识在新的情境中得以运用的可能性。学习情境越真实,学习主体建构的知识就越可靠,就越容易在真实的情境中运用,使学生达到真正的理解和掌握,从而达到教学的预期目的。

4.1.2.5 情境的可接受性

情境的设计要考虑学生能不能接受,要设计好合适的"路径"和"台阶",便于学生将学过的知识和技能迁移到情境中来解决问题。由于知识和技能的迁移总是受到个人能力以及情境因素的影响,所以,教师提供的情境,一定是要精心地选择和设计的,由近及远,由浅入深,由表及里,使之能适合于学生,才能被学生理解和接受,发挥其应有的作用。

4.2 课堂讲授技能

课堂讲授技能是教师以语言为主要手段向学生传道授业,开发智力的教学活动方式。在课堂中讲述现象与过程、讲解概念与规律、讲读教材与资料、讲演明理与移情等统称讲授。讲述、讲解、讲读、讲演虽然各有不同的特点,但它们都是以教师口语为主,具有综合性(综合运用口语、板书、体态、提问等技能),逻辑性(严谨有序地组织传授的内容),情感性(以情动人,使学生产生共鸣共识)的教学活动方式,广泛地应用于课堂教学过程之中。讲授技能是教师课堂教学必备的一项重要技能。

4.2.1　构成要素

4.2.1.1　激发学生学习兴趣

讲授必须有利于学生形成意义学习的心向,引起学习兴趣,激发学习动机。一般来说,激发动机要贯穿讲授过程的始终。开头的导入要引人入胜;讲授过程应层次分明、环环相扣;列举的实例要生动,恰到好处;结语要留有余味,言虽尽而意无穷,给学生以深刻的印象。教师语言的艺术性和个性化对激发学习动机至关重要,照本宣科的讲授会使学生感到乏味而厌学。

4.2.1.2　组织内容讲授

根据意义接受学习的第二个先决条件,讲授的内容必须对学习者有潜在的意义,要将讲授内容组织成学生易于理解、易于记忆、结构明晰的体系,并以恰当的顺序逐步将新内容融入学生已有的知识结构之中或形成新的结构。一般来说,课堂讲授应从既定的教学目标出发,根据学生的认识规律、情感与能力发展的规律编排好讲授的内容与程序,做到目的明确、重点突出、条理清晰、逻辑严密、难易适度。组织讲授内容的一般方法有以下几种。

(1)重点突破法。寻找教材中的重要概念、关键语段,来设疑激趣、精心点拨,重点突破,带动全局。这种方法有如画龙点睛,需要教师有较强的处理教材的能力。

(2)归纳法。在大量实例或论述的基础上总结出讲述的结论与推论,或者是在逐项讲授发挥后给出提要,这是一种逐步综合的讲授方法。

(3)总分法。从整体入手再分门别类、划分层次进行条理明晰的阐述,这是一种逐步分化的讲授方法。

(4)问题中心法。通过提出问题、分析问题、解决问题、得出结论的方法。这种方法具有一定的探索性,对启发学生思维和培养能力大有好处。

4.2.1.3　丰富教学语言

讲授是以语言为主要手段传递信息、授之方法、引导学习的,因此,对教学语言运用应有严格的要求。这里所说的教学语言,既指教学口语,又指板书板画,还包括体态语,并强调它们的有机配合、综合运用。讲授中对教学语言的基本要求是:主旨明确,详略得当;科学规范,准确无误;情感充沛,亲切优美;开明豁达,启迪思维;风趣幽默,灵活生动。

4.2.1.4　讲授形式灵活多变

生动活泼,始终保持对学生具有强烈吸引力的讲授,除了精心提炼教学语言外,还必须注意变换讲授形式。讲授形式的变换主要包括讲授手段(口语、板书、体态、提问等)的变换和讲授方式(讲述、讲解、讲读、讲演)的变换。通过它们恰当的变换组合,就形成了丰富多彩的讲授形式,不仅给学生多感官刺激,传递多方位的教学信息,而且给学生常讲常新的感觉,乐于倾听讲授。讲述,是以叙述和描述的方法向学生传授具体知识、提供表象、发展学生形象思维为主的讲授方式;讲解,是以解释说明和分析论证的方法向学生传授抽象知识,发展学生逻辑思维为主的讲授方式;讲读,是以讲述、讲解与阅读交叉配合的方法,加深对阅读材料(教材)理解为主的讲授方式;讲演,是系统阐明自己的观点和意见的讲授方式。在课堂教学中,讲读多用于文科教学,讲解多用于理科教学。但是,各门课程的教学都兼有培养形象思维与逻辑思维的任务,都要帮助学生理解教材和阐明教师自己的观点,因此,讲述、讲解、讲读、讲演往往综合运用于化学的教学。

4.2.2　基本要求

4.2.2.1　要有科学性

讲授的科学性是指:第一,讲授内容正确无误,不出现科学错误;第二,讲授语言准确规范,恰当运用本学科的专业术语。

4.2.2.2　要有目的性

讲授的目的性是指:第一,讲授要有明确、具体、恰当的目标;第二,讲授要紧紧围绕目标来组织教学内容,有的放矢;第三,善于从不同角度突出讲授重点,抓住关键,实现讲授目标。

4.2.2.3　要有针对性

讲授的针对性是指:第一,讲授内容要切合学生实际,适合学生的年龄特征和发展水平;第二,要准确确定学生学习的难点,有效突破难点,分散难点;第三,要有针对性地运用典型实例,使抽象的内容具体化,枯燥的内容生动化。

4.2.2.4　要有系统性

讲授的系统性是指:第一,讲授条理清晰、层次分明;第二,讲授内容构成逻辑严谨而又易于学生理解和记忆的简明体系;第三,讲授各环节衔接紧密,过渡自然,前后呼应,清楚连贯。

4.2.2.5　要有启发性

讲授的启发性是指:第一,讲授要启发学生明确讲解的意义,激发学习热情与求知欲;第二,启发学生积极思考,参与讲授过程;第三,启发学生举一反三,实现学习迁移,培养能力。

4.2.2.6　要有艺术性

讲授的艺术性是指:第一,讲授要以情动人,使学生产生共鸣与激情;第二,讲授要新颖活泼、风趣幽默、富于变化,使学习成为一种享受,充满乐趣;第三,讲述、讲解应与板书、演示、提问、学生活动巧妙配合,以长补短,相得益彰,体现整体和谐美。

4.3　课堂教学调控与管理技能

4.3.1　教学调控

课堂教学调控是指教师以课前教学设计为基础,自觉运用控制论原理,从学生的认知结构、能力条件出发,针对课堂教学的实际状态,依据教材的具体内容和学生的反馈信息,为保证课堂教学的有序和高效进行而做出的一系列调节与控制。即教师通过对教学目标、教学内容、教材等要素的控制,节奏的调节,使课堂教学呈现张弛有度、和谐自然、意趣盎然的生动格局的行为方式。

4.3.1.1　教学调控的类型

从课堂教学管理的角度出发,按照调控的内容不同,课堂教学的调控通常分为课堂环境的调控、课堂行为的调控、课堂时间的调控、课堂教学内容与方法的调控等。

(1)课堂环境的调控。课堂物理环境和心理环境调控合起来称作课堂环境的调控。课堂物理环境指作用于课堂教学活动的因素，如温度、光线、声音、气味、色彩，以及课堂座位的排列等。这些因素一方面可以引起教师和学生在生理上的不同感觉，另一方面在心理上也会使人产生不同的情绪，影响学生学习的动机、课堂行为，甚至对课堂心理气氛产生影响，从而影响教学活动的开展。教师应注意物理环境的布置，良好的课堂氛围的形成离不开整洁、舒适的课堂物理环境。教师应组织学生有特色地布置本班教室，注意要有良好的通风、适宜的温度、合适的光线等，还要注意座位的编排情况。

课堂心理环境可分为课堂人际关系与课堂心理气氛两类。教师在课堂活动中应克服权威心理，主动与学生沟通；对学生要有积极的期望；同时引导学生之间相互信赖、相互关心，使学生之间的人际交往健康发展，并进一步形成具有共同目标的学习集体。建立起良好的师生关系，处理好生生关系，同时形成良好的班风。课堂心理气氛指班集体在课堂上的情绪、情感状态，是师生在课堂上共同创造的心理、情感和社会氛围。课堂心理气氛可分为民主性气氛、专制性气氛和自由放任性气氛。课堂心理气氛既受到校风、班风的影响，也受到教师权威、教师领导方式的影响。教师在对课堂心理气氛进行调控时应尽量采取民主的领导方式，讲究教学的艺术，保持愉快、振奋的心理。因为课堂教学的氛围对学生学习效果有着直接的影响，心理研究表明，学生在愉悦、活泼的气氛中，其智能操作活动的效率明显比在压抑、焦虑的气氛中的高。所以创造快乐、活跃的课堂教学氛围，使课堂教学焕发出生命的活力应是教师追求的目标。

(2)课堂行为的调控。课堂行为可分为课堂积极行为与课堂问题行为两种。良好的行为应得到及时强化和鼓励，对问题行为则应慎重对待。课堂问题行为又分为两类：扰乱课堂秩序的行为和影响学生自身学习效果的行为。前一类包括交头接耳、传递纸条、高声笑谈、敲打作响、互相指责、攻击、故意违反纪律等，教师应加以制止和削弱。后一类行为表现为上课发呆、注意力不集中、胆小害羞、不主动参与课堂教学活动等，需要教师给予注意和适当引导。所以教师首先应明确学生在课堂上的行为属于什么类别。此外，教师还应具备突发事件的处理能力。一些本来属于问题行为的事件，如果处理得好往往会变成教学活动生动起来的契机，教学内容也可借此得以深化。

(3)课堂时间的调控。课堂时间的调控包括课堂教学时间的分配、节奏、速度等。课堂教学的时间可分为分配时间、专注时间与学科学习时间，这三种时间依次递减。分配时间属于具体分配的课堂时间，是最长的，而除去教师组织教学后剩下的是专注时间，学科学习的时间最短，它是学生真正进行学习的时间。教师应在对课堂的有效控制下尽量减少组织教学的时间，同时把握最佳时域，提高课堂教学的有效性。有研究指出，开课后 5～20 min 是课堂教学最有效的时间段，也有研究者认为上课后的 20～25 min 是学生注意力最稳定的时间段，教师根据具体授课内容不同等因素可能会有不同的结论，但教师要善于抓住最佳时域，突出重点、难点，完成主要的教学任务。

从课堂教学的节奏看，每一节课的进行实际上都是波浪式的，学生的注意力会随着新内容的出现不断转移和集中，形成课堂教学的自有节拍。节奏慢的地方往往是教学的难点、重点、学生易产生问题的地方，节奏快的地方则可能使学生养成快看、快写、快说、快思的习惯。

教学速度是指单位时间内所完成教学任务的量。教学速度的快慢意味着在恒定的单位时间里接受信息量的多少。心理学家研究证明：人类接受信息量是以"组块"为单位，要想长期记忆一个组块，最低需要显示 8 s 的时间，但要真正理解掌握应用，则一节课只能完成 4～20 个组块。因此判断教学速度是否适宜的标准是极难确定的，一般以学生的接受水平为依据。教师要善于和及时捕捉学生的反馈信息，当大部分学生能够目不转睛紧随教师的思路时，说明此时的教学速度是合适的；当学生低头不语、东张西望、目光游移，或者虽认真地听课但却眉头紧蹙时，教师就要根据自身经验并综合学生平时的状况做出正确判断，如果属于速度过快或过慢引起的，就要及时调整。总之，教师要善于从学生的反馈中得到信息，调整教学速度，把握教学节奏，使课堂教学如行云流水，有张有弛，与学生生理、心理特点相吻合。

（4）课堂教学内容与方法的调控。课堂教学内容的调控是指教师在课堂中对教学内容的数量及其深广度的调整与控制。从教学内容的数量调控来看，每节课安排的教学内容要适量、要注意选择与取舍，做到详略得当。而课堂教学的难度调控，即教师和学生在教学过程中对知识的理解、运用、表达等的难易程度的调控。这里主要是指学生学习时的难易程度。过难，学生可能不会理解；过易，既降低了教学要求，又可能挫伤学生的学习积极性。另外，还需要注意的是：由于课堂教学时间是有限的，作为教学认识主体的不同班级的学生又是有差别的，因此，教师在确定具体教学内容时，不仅要遵循化学教学认知规律，还要考虑不同班级学生的具体认知水平。为了有效控制课堂教学，教师对教学内容的调控应建立在学生的最近发展区上。需要说明的是：若教师在课前制订教学计划时已充分考虑了上述因素，那么上课后虽然可以适当增加或删减一些细节,但一般还是按照教学计划来进行教学。

就教学方法的调控,首先,教师要克服教学方法刻板化的倾向,应追求教学方法的新颖性,以新颖的形式激发学生的求知欲,使之保持稳定的注意力。必须改变"教师讲,学生听"的"注入式"陈旧方式,建立以学生主动参与活动为主的新模式,确实把学生置于教学的主体位置,教师重在引导、诱导、指导学生。其次,教师不能总是固守某种单一的教学理论和方法,要广泛采用现代教育教学理论的精华,不断用变化的信息去刺激学生的接受欲望,使之形成持久的注意力,从而达到提高教学效率的目的。所以课堂教学要追求教学方法的灵活性和多样性,要在一定的教育学习理论指导下,创造多样化的教学方法。

在新一轮基础教育课程改革后,化学教材中的实践性环节有所增加,教师教学方法的选择上应注意学生的参与度,掌握如何指导好研究性学习、探究性学习与基于问题的学习的教学方法。

4.3.1.2 教学调控的方法与技巧

课堂教学效果在一定程度上要取决于课堂调控的方式与力度。调控的主体既可以是教师,也可以是在教师引导下培养的具有一定主体自控能力的学习主体,即调控可分为教师的有效调控和学生的成功自控两种。这两种调控都对课堂教学的效果有很大影响,在一定程度上,一节富有成效的课正是这样一个由教师的有效调控与学生的成功自控所形成的。不过学生的自控能力受自身年龄、素质的影响,也受环境因素的影响。当学生的学习出现偏离学习目标的失控现象时,教师可以增强教学语言的幽默感和生动性,从旁加以必要的点拨等。学生的自控能力不是天生的,它需要受到教师有目的的培养与指导。在新课程中,教师将是学生的朋友、引导者和促进者,教学调控的原则是平等、引导。我们应避免出现传统教学中常出现的二者消极对立的状况,而应促进二者达成互补,形成积极的协同,为此,教师在课堂教学调控时可采取以下几种技巧。

(1)表情示意法。当教师授课时,发现某个学生讲话或搞小动作,可用自己的目光或严肃的表情示意、警示学生把注意力集中到学习上来,从而使学生意识到老师已发现他没有专心听课。

(2)走动示意法。教师上课时注意到有的同学在低头看其他书籍或什么东西,用表情示意又不能起作用时,可以边讲课边走到这个同学跟前突然站住,这样,学生便会发现并迅速意识到老师在提醒自己要注意听课或积极思考问题。

（3）手动示意法。有时课堂上发现个别或几个学生昏昏欲睡,甚至不自觉地睡着了,教师可以边讲课边轻轻地拍拍这个同学的肩或头,提示学生进行自我控制,克服睡意并把注意力集中到学习上来。

（4）变音示意法。众所周知,教师在课堂上的音量不宜过大或过小,要以全班每个同学都能听清楚为最佳音量。语速的快慢和音量的高低要根据实际授课的需要来确定。当发现学生走神或看窗外去了,或受到窗外噪音的影响时,教师可结合表情示意,放慢或加快语速,或突然停顿一下,或用提高音量压住室外噪音等方法,示意注意力"分散"的同学。

（5）提问示意法。在实际教学中,教师经常会发现这样的一些现象:有的学生看样子是在听课但心思根本不在课堂上;有的学生没听懂或根本不懂却装出听懂了的样子;有极少数学生不耐烦,心神不安;有的"南郭先生"在集体回答问题时善于蒙混过关等。为此,教师在讲解过程中可以及时提出一些简单问题,让上述这些学生复述或解答教师讲过的个别简单的内容或重复教师刚刚提出的问题,这样能使学生专心听讲,提高教学效率。

4.3.2　课堂管理

课堂管理是指教师为实现教学目标而对课堂中的人、事、时、空等因素进行协调的过程。新课程所提倡的课堂管理,不再是教师单方面的秩序纪律管理,也不仅仅是对教学活动的安排和控制,而是通过教师与学生的共同行为,营造一个充满温暖,彼此熟悉,轻松快乐,促进学生自主、合作探索的教学氛围。

4.3.2.1　空间与时间的利用

空间与时间对于教学过程有着不可忽视的影响,是教学的制约因素和重要资源。在教学的常规管理中,必须重视对教学空间和时间的结构设计和管理。

首先,要重视教室形象塑造。不断优化的教室形象能促进教学的高效进行,应精心布置教室,课堂中温度适宜,光线明亮,空气清新,有利于形成安定的课堂秩序和较好的教学氛围。其次,要重视教室座位效应。座位编排方式是课堂管理环境中的一个重要的物理因素,沃勒(Waller. W)研究表明,坐在前排的学生大多在学习上过分依赖教师,坐在后排的学生通常有捣乱和不听讲等行为。应打破传统的学生排排坐的教室布置,代之以根据教学任务灵活多变的排列组合,充分利用教室的空间。桌椅摆放创新,便是改变课堂教学环境最有效、最简便的方法。为了适应化学教学的特点以及学生座位的变化,在有条件的学校应逐步推行小班化教学以及专用化学教室制度,以便于组织随堂化学实验。最后,还要重视课堂时间管理。时间是学习过程的一个决定性因素,虽然课程计划统一规定了各年级化学课程的总学时,实际上,由于不同的教学和管理方法等因素的制约,实际教学时间和有效教学时间都会不同。国外研究发现,由于学生或教师的缺勤、教学中断和学生注意力涣散,不同学校浪费掉的可利用教学时间大约为总教学时间的 $25\%\sim49\%$,其浪费之大令人瞠目。要注意的是,随意安排教学活动、满堂灌、重复练习、教学定向不清、教学环节衔接过度不良、教学速度不当、被动式学习等都会降低教学对时间的有效利用率。

4.3.2.2　课堂纪律管理

混乱的课堂纪律常常会令人不知所措。实际上,课堂不是简单的你听我讲这样的理想模式。尤其是对于活泼好动的低年级学生来说,呆板地坐在那里听课实际上并不容易。如果教师讲得不够有趣,他们就会在心里堂而皇之地为自己找到不听课的理由,开始注意力分散,找人说话,打发心中的无聊。或者说,如果教师不能一开始就抓住学生的注意力,激发他们学习的兴趣,不能持久地吸引他们进入到学习状态,他的课堂就会陷入混乱。那么,如何成为驾驭课堂的高手呢?那就要建立起一个维持课堂活动进行的动力系统,即在教学的各个环节中建立起能驱使学生持续学习的推动力。这个系统由三部分组成:(1)发动部分:对应于上课导入时所需要引发的学生学习的热情和兴趣;(2)维持部分:对应于学生学习过程中的兴趣与热情的保持;(3)强化部分:对应于下课前的对学生学习成果的巩固。如果教师能在教学设计时,同时在教学的三部分装入动力系统,那么他就建立了一个完整的心理链条,就能持续地推动学生课堂学习,他的课堂将是富有生机与活力的。

课堂动力系统中最主要的动力是学习的注意力。因此,课堂纪律管理中的关键技巧就是对学生注意力的控制。控制学生注意力应包括两个方面:一是抓住学生的注意力;二是维持学生的注意力。

抓住学生注意力是有效教学的开始。有些老师对低年级学生采用唱一首歌或背诵定律等,让学生的情绪平稳下来,将刚上课时分散的注意力收拢在教师身上;对高年级学生则采用直接申明本节课的学习任务和目标,高中生往往比较关心这节课学什么内容,学习重点是什么。有些老师则采用沉默环视。学生刚上课由于课间活动的兴奋劲还没退,情绪一时没有平复,可能会叽叽喳喳地与同学谈论,有经验的老师会站在讲台一言不发,环视全班,等待他们安静。学生往往因为猜不透教师下一步要干什么而忽然安静下来,当然,还有很多方法如故事导入、设置悬念等。

上课一开始稳定学生情绪,让学生的注意力集中到教师身上并不难,但怎么利用学生精神集中的这短暂几分钟把他们带入持续集中的状态呢?有些老师会采用多种教学手段来消除单调与疲乏。课堂上一讲到底容易产生单调感,当学生觉得老师讲得没有意思时,就开始东张西望了。这时老师如果任其发展,不一会儿课堂就会变得乱哄哄的。有经验的教师能敏锐捕捉到学生的情绪变化,会随机应变,立刻转变教学方式。或由讲变为练习,或开始提问。然而随机应变并不是解决这种问题的最好方案。如果在上课之前,就设计多种教学方式,如教师可以组织学生提问、讨论、答疑、总结、测试等,这样波澜起伏式地安排教学,让学生的左右脑交替运用,学生会情绪饱满地进行课堂学习。还有些老师采用随机提问的方式来维持学生的注意力。不过提问的方式不当也会造成纪律问题。有的教师为了让每一个学生参与进来,就依次提问,被提问过的学生或者知道自己比较晚一些时间才被提问的学生,有可能就会走神,甚至是说起悄悄话来。采用随机提问,学生不知道老师什么时候会突然提问到自己,于是人人紧张生怕被问到时答不出来,于是投入到思考状态,也就无暇做其他事了,课堂自然安静下来。

另外,面对一个爱说话、活跃型的班级如何管理呢?这种班级的学生喜欢主动学习,不喜欢被动听课,更不喜欢教师重复讲一些容易就理解的知识。如果教师能布置一些由他们独立完成的学习任务,让他们忙碌起来,他们就无暇说闲话了。合作式学习也是一种课堂管理方式。教师们时常会发现,当采用合作式学习方式进行教学时,课堂纪律管理的问题似乎突然消失了。每个学生更加努力投入到学习当中去,他们不再是旁观者,听教师对少数学生的提问与启发,而是作为一个参与者,也可以在组里发言,与同学们讨论,获得启发,打开思路,发现自我,感受到了学习的乐趣。这样的课堂就处在了良性的运行状态中。

需要注意的是,一个好的课堂纪律除了教师的课堂教学管理与组织能力,还取决于学校的日常教育管理是否得法。在一个管理严格的学校,学生在课堂上的纪律问题就出现得比较少;相反,一个把课堂纪律全部推给教师来管理的学校,学生在课堂上时常会出现问题。总之,课堂纪律是各方面教育工作的综合体现,需要各方面共同努力,协调配合,才能完满地解决课堂管理问题。

4.3.2.3 课堂管理的策略

首先,要根据学生的认知能力和心理特点来确定课堂管理目标。课堂上所实施的一切管理措施,包括组织、协调、激励、评价等,都应当努力服务于设定的教学目标。正确的目标直接影响和制约师生的课堂活动,并起积极的导向作用。其次,要努力构建平等、民主的管理机制。旧式课堂管理侧重于要求学生对规章的服从,总是把眼光集中在控制学生问题行为、处理学生消极行为上,学生在条条框框的束缚下只能"戴着枷锁跳舞",并不能成为课堂学习真正的主人。最后,我们还要注意要注重过程管理。新课程实施以来,课堂发生了明显的变化,课堂上不再是老师唱主角,新的课堂中,师生动起来了,学生活起来了,这势必增加了管理的难度。部分教师一时束手无策,不知该怎样去管理。为了改变这种状况,教师必须准确把握新课程理念,深刻理解新教法和学法的内涵,循序渐进地指导学生掌握和实践新的学习方式,只有这样,学生才能真正成为新课程下学习的主体。

无数事实证明,教师能否有效驾驭课堂,能否有效管理好课堂对课堂教学的成败至关重要。如果失去了有效的课堂管理,新课程改革的实施只能成为空中楼阁。目前,在新课程改革中我们要纠正忽视课堂管理的片面做法,不断探索新课程下课堂管理的新方法、新思路,对课堂进行有效的管理。只有这样,新课程的目标才能得到真正落实;也只有这样,才能构建出和谐、民主、平等、灵活、互动的课堂。

4.4 指导学生实验和应用化学知识的能力

4.4.1 指导学生实验的能力

化学实验技能,主要包括仪器和试剂的使用,化学实验基本操作,简单化学实验设计,实验记录及处理,等等。要培养学生熟悉仪器、试剂名称、主要性能和使用方法、正确的仪器连接与安装。化学实验技能涉及面广,最基本的是试剂取用、称量、加热、溶解、过滤、蒸发、结晶、蒸馏等。要注意加强实验教学,使学生逐步掌握并对主要操作逐步形成较熟练的操作技能。要注意思维能力的培养,注意简单实验设计和实验记录以及记录的处理能力,要遵守循序渐进的原则。

化学实验操作技能是指通过练习形成的，近乎自动化的化学实验操作方式。化学是以实验为基础的科学，在化学教学中培养学生的化学实验技能是中学化学教学目的提出的基本要求。在化学教学中，要使学生顺利地形成化学实验技能，可采取下面的有效教学措施。

4.4.1.1　创造良好的教学环境条件

良好的教学环境即做好课前的准备工作，努力创设化学实验室等物质条件，并且积极进行教学改革、增创学生的动手实践机会。要确保实验成功，教师应与实验员密切配合，充分做好有关实验的一切准备工作。

（1）教师对实验内容要反复预试，掌握实验成功的条件和关键。只有教师做到心中有数，对于实验成功的关键条件了如指掌，才有能力指导、引导好学生安全顺利地完成实验。

（2）教师应充分准备好仪器、药品和器材。化学实验需要的仪器、药品多，且玻璃仪器易损坏，所以教师应与实验员密切配合，必须课前做好充分的物质准备，并将仪器、药品放置有序，保持实验室的清洁和整齐。否则到实验进行时，学生一旦发现没有某种仪器，发现药品或者仪器已有破损，就会围住教师要这要那，造成混乱局面。

（3）要求学生做好预习，做到明确实验目的，搞清实验内容，并理解基本原理、操作步骤、实验装置和注意事项，做好笔记。

这样的预习设计能集中学生的注意力，使学生带着问题去学习，增强了解决问题的自信；而学生在解决问题时，需要阅读课本和查阅资料以及进行独立思考和归纳。从而培养了学生自主学习的能力，为探究式活动的顺利进行做好了准备。

4.4.1.2　操作规范，反馈及时

针对学生实验操作中出现的问题和错误，教师应严格要求，积极地进行反馈，并及时地给予指导或纠正，必要时可通过演示对比正确和错误操作所产生的结果，防止形成错误的操作方式或方法。否则，错误的操作一旦成为技能，改正起来就比较困难。所以说，训练熟练的实验技能是对形成严谨的科学态度的一种历练。同时，基本操作的熟练掌握，使以后实验的顺利进行得到了保证，对学生进行高层次探究提供了有效帮助。

根据认知心理学的理论，化学实验技能的形成必须经过对有关知识和规则要求的认知，使学生在头脑中构建起明确的实验期望和目标，形成实验操作表象，这样学生应可选择合适的学习策略，在实际操作中努力去实现它

们。在化学实验教学中,教师可通过演示实验、讲解、有关录像或多媒体资料等明确化学仪器和实验操作的规范和要求,认真细致地讲解化学仪器和实验操作的原理、作用、性能等,从中说明化学仪器和实验操作规范的科学性和合理性,使学生能自觉地按照化学仪器和实验操作规范进行实验操作。因为技能的学习不同于知识的学习,知识的学习,其遗忘规律遵循艾宾浩斯遗忘曲线;而技能的学习却不是这样,技能一旦形成就很难遗忘,它保持的时间要远远大于知识的保持时间。

4.4.1.3 根据目标,循序渐进

技能的学习不是一蹴而就的而是有阶段性的,它需经历一个从初步学会到熟练掌握的过程。技能是通过多次练习形成的。一般来说,随着练习次数的增加,动作的连贯性、准确性、协调性和速度等都会逐步提高。化学教学实践表明:中学生对一种化学仪器的使用或一项化学实验操作,如要达到"初步学会",一般要练习 3 次左右;如要达到"学会",则需练习 3~5 次;如要达到"熟练掌握",则应保证练习 6~7 次以上。而现在中学化学实验教学存在的主要问题是:由于受"应试教育"思想的影响,不少学校重视化学理论和描述性知识的教学,轻视化学实验的教学,以至于出现了有的教师在教学中让学生背实验操作原理、背实验操作步骤、背实验结果以及在黑板上"做化学实验"的怪现象;化学实验不是作为促使学生动脑、动手、观察和进行探索的科学手段和方法,而是作为"应试"的工具。所以,在化学教学中,要培养学生的化学实验技能,首先要转变教学思想,把实施素质教育落到实处,从重视化学实验和学生的实验技能培养开始。一方面要给学生提供能够进行化学实验的物质条件,如开放化学实验室、为学生提供足够的仪器和药品等;另一方面,要积极进行教学改革,增加学生的动手机会,如开发有关化学实验的活动课程、多进行边讲边实验、利用微型化学实验等。同时,要激发学生进行化学实验操作的兴趣,使学生积极主动地进行化学实验操作练习。因为根据认知心理学的观点,动作技能的形成,不仅仅是刺激与反应的连结,而且有认知的成分参加,学生只有在有兴趣、积极参与的实验活动中,才能积极进行反应,在意识的引导下去认真领会操作要领,直至经过多次练习脱离意识达到自动化,形成化学实验操作技能。

4.4.1.4 提高实验技能的迁移能力

与一般的学习一样,动作技能的学习也存在着迁移,即已掌握的技能对新学习的技能会产生影响。这种影响有积极的,也有消极的。在化学实验

教学中,教师要善于应用这一大批量,防止实验技能的负迁移,促进正迁移,提高化学实验技能的训练效果。因为,虽然实验操作的方式和现象类似,但此时的实验条件和操作目的却发生了很大变化。在化学教学实践中发现,许多学生,甚至有些教师,也没有掌握这一实验操作技能。遇到这种情况,教师就要首先研究实验的目的、原理和条件等,然后通过对比,给学生讲解清楚,对同一实验操作的方式,由于实验条件和操作目的的变化,有时是可行的、合理的,而在其他情况下却是错误操作。这就要注意防止负迁移的产生。

综上所述,学生化学实验技能的形成是学生在认识了实验目的、原理和有关规则要求的基础上,经过不断的练习,逐步形成的。在实验教学中,教师要遵循这一规律,采取合理的教学措施,使学生形成化学实验操作技能。化学是一门以实验为基础的自然科学,化学实验是化学教学的一种最有效的科学手段。在教学过程中采用学生实验,对学生的心、智、体能起到统一开发的效果。尤其是整个教学过程中以体验过程、掌握方法、提高科学素养为主体,教师只是设计问题,提供材料。学生在化学实验中参与越多,对化学的"感情"也就越深厚,他们亲自做实验比教师演示给自己看,观察到的现象会更清晰,留下的印象会更深刻。使他们从感性认识上升到理性认识,这样有利于促进他们的学习。同时适当地增加实验次数,将易进行的演示实验改为学生实验,将可能会点燃学生的学习"激情"。

4.4.2　指导学生应用化学知识的能力

4.4.2.1　善于使用化学语言

教学化学教学语言是化学教师用语言向学生阐明、讲述化学教材,传授化学知识信息,进行指导,与学生交流的一种教学方式,是一切化学教学活动中最根本、最重要的基本教学技能。与普通口语相比较,它具有很强的科学性、教育性、规范性、启发性和感染力。

4.4.2.2　善用探究实验,深化学科知识

试图通过学生的创造性思维去发明创造是不科学的,但探索性实验教学能培养学生的创造性思维却是不争的事实。它更能激发学生的求知欲望,引导他们去探求未知的领域,从而拓宽知识的层次,对知识的认识也更加规律化、条理化。

4.4.2.3　善用教科书,巧设课题

新教科书的叙述中巧妙地创设了许多学习情境,这种情境式的呈现方式引导师生互动、生生互动及学生与教科书之间的互动,引导学生积极主动地学习。

在教科书中主要有以下情境类型。

(1)事实情境。通过生动具体的事实呈现学习情境,主要包括日常生活中与所学内容有关的物品、现象、事件和经验,与化学有关的社会热点问题、工农业生产问题以及能体现化学与社会、经济、人类文明发展有关的事实和材料,还包括重要的化学史实等。

(2)实验情境。即通过实验事实创设真实、直观而富有启发性的学习情境,引出知识内容,使知识的呈现显得可信。

(3)问题情境。通过运用文字、图片创设问题情境,提出问题,让学生进行思考、讨论、分析等思维活动,得出结论,形成积极主动的学习氛围。

(4)模拟情境。通过卡通图片、流程图、模型等手段,模拟与真实事物相似的学习情境,启发学生联想。新教材通过耳目一新的图表式表述方式,通过设计不同学习情境的组合,充分发挥不同学习情境的功能,激发学生的学习动机,将学生引入学习过程,促进学生主动积极地融入学习活动,形成自我意识上的意义建构。

4.4.2.4　联系生活,充分利用课程资源

生活及经验,教师和学生的日常生活(包括家庭生活、学校生活、社会活动)、知识经验以及各种话题等都可以成为课程资源,而且是非常重要的课程资源。对学生来说,生活是知识的源泉、实践的基地、发展的空间。

4.4.2.5　唤醒学生的学习主体意识

在过程中,教师既可发现学生的思维能力和创造能力,又了解学生对所学知识的掌握情况;学生也感觉到自己真正成为课堂的主人,学习的主体意识从心中建立起。

4.4.2.6　精选精练习题巩固

通过在实验习题中的实验设计方案训练,培养学生的实验设计能力,也贴近学生实际,让学生在本以为简单无比的实验过程有出其不意的严谨思考,获知科学求知过程中来不得半点虚假,从而掌握基本的应用化学知识的

能力。

　　总之,化学是一门以实验为中心的基础学科,化学实验将教师、创意实验、学生群体三个要素有机地结合在一起,尽可能地发挥各自的作用,以达到培养学生"开拓创新能力和实验操作能力"这个整体目标。为了实现这一目标,教师应充分利用所传授的有限的化学知识,努力挖掘其中的内涵,加以体会、提炼和创造;融科学的教学方法于课堂教学之中、于实验教学之中,对学生在学习兴趣、观察能力、思维能力、创造能力等方面起到潜移默化的作用,以使学生素质得到全面发展和提高,能真正将所学化学知识运用于平常生活,做生活的有心人。这样,学生的观察力、实验操作能力和思维的积极性得以充分调动,能很好地培养学生的迁移应用能力,学习方法也得以科学化。

4.5　化学实验的教育功能、构成与组织

4.5.1　化学实验的教育功能

4.5.1.1　化学实验的动机功能

　　化学实验能引起学生浓厚的认识兴趣,而认识兴趣是学习动机中最现实、最活跃的成分。实验兴趣作为认识兴趣的一种重要表现形式,在化学教学中发挥着较强的动机功能。按水平高低,可将实验兴趣分为以下四种。

　　(1)感觉兴趣。它是指学生通过感知教师演示实验的现象和观察各种实验仪器、装置而产生的一种实验兴趣。这种兴趣使得很多学生对化学实验有较高的积极性,尤其是学生刚开始学习化学时更是如此。但它还属于直接兴趣,在化学教学中不够稳定和持久。

　　(2)操作兴趣。它是指学生通过亲自动手操作来获得化学实验现象所产生的一种实验兴趣。它比感觉兴趣的水平高了一级,在这种兴趣的驱使下,学生不再仅满足于观察实验现象,更希望亲自动手操作,即使是简单的试管实验,也会表现出较高的积极性。但这种兴趣也还属于直接兴趣,只要能按实验操作步骤把给定的实验内容做出来,兴趣就得到了满足。

　　(3)探究兴趣。它是指学生通过探究实验现象产生的原因和规律而形成的一种实验兴趣。它比前两种兴趣的水平更高,属于间接兴趣,具有稳

定、持久的特点,是促进学生学好化学的最基本的动力。

(4)创造兴趣。它是指学生在运用所学的知识、技能和方法进行一些创造性的实验活动中所形成的一种实验兴趣,是实验兴趣的最高水平,是推动学生学习化学的最强劲动力。

上述四种实验兴趣的水平是逐级升高的。因此,教师在教学中一方面要注意鼓励和保护学生的感觉兴趣和操作兴趣;另一方面又不要停留于此,应积极培养和提高学生的探究兴趣和创造兴趣。

4.5.1.2 化学实验的认识论功能

化学实验是化学教学认识的基础,它能为学生正确认识物质的本质及其变化规律提供化学实验事实。按实验在化学教学认识中的作用来分,可将其分为探究性实验和验证性实验。

(1)验证性实验的认识论功能。验证性实验是学生在实验和观察的基础上,通过科学抽象来获得结论的一种实验,其认识论功能主要是通过“问题—实验事实—科学抽象—结论—应用”这样一个过程来体现的。

例如对“盐跟某些金属反应”的规律性的认识。首先提出“盐能否跟金属发生化学反应”的问题,然后做两组实验:①在盛有氯化铜溶液的两支试管里,分别浸入一根洁净的铁丝和铂丝;②将两根铜丝分别浸入盛有硝酸汞溶液和硫酸锌溶液的试管里,观察变化情况,并进行记录。通过对所获得的实验事实的比较,发现铁跟氯化铜发生了化学反应,铜能与硝酸汞发生反应。因此可以得出结论:铁比铜活泼,铜比汞活泼,总结出活泼性较强的金属能把活泼性较弱的金属从其盐溶液中置换出来的规律。铂与氯化铜不发生反应,铜与硫酸锌不发生化学反应,学生在此基础上可以得出结论:铂没有铜活泼,铜没有锌活泼,总结出活泼性较弱的金属不能把活泼性较强的金属从其盐溶液中置换出来的规律。根据科学抽象的结果可以得出结论:在金属活动性顺序表里,只有排在前面的金属才能把排在后面的金属从它们的盐溶液中置换出来。最后应用此规律性判断“能否用铁桶装硫酸铜溶液”这个问题。

(2)探究性实验的认识论功能。探究性实验是对化学假说或所获得的化学理论进行检验的一种实验,其认识论功能主要是通过“问题—化学假说或理论—实验验证—结论—应用”的过程来体现的。

例如对“乙醇分子结构”的认识。首先提出“乙醇分子具有怎样的结构”的问题,然后根据乙醇的分子式写出乙醇分子的两种可能结构式(提出假说):

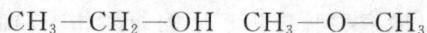

$$CH_3-CH_2-OH \quad CH_3-O-CH_3$$
$$（\text{I}） \qquad\qquad （\text{II}）$$

假设是结构（Ⅰ），那么 1 mol 乙醇能产生 0.5 mol 或 2.5 mol 氢气；假设是结构（Ⅱ），1 mol 乙醇能产生 3 mol 氢气。测定和记录一定量的乙醇跟钠反应所生成的氢气的体积（实验验证），经过计算，1 mol 乙醇大约能产生 0.5 mol 的氢气。据此可以得出结论：乙醇分子的结构是结构（Ⅰ）。

（3）化学实验的认识论功能的特点。

①充分发挥了实验在教学认识中的作用。探究性实验，实验在前，结论在后，实验的教学认识功能主要是为学生形成理性认识打下感性认识基础；验证性实验，结论在前，实验在后，实验的教学认识功能主要是为了检验化学假说、验证化学概念和理论，以便使学生获得正确的理性认识。

②将知识的传授和能力的培养结合起来。无论是探究性实验还是验证性实验的展开过程，既是学生认识化学知识必须遵循的一般过程，又是运用自然科学方法论培养学生解决化学问题能力的途径，这样的过程使知识技能的掌握与能力的形成和发展有机统一起来。

③充分发挥学生的主体作用。学生是化学教学认识的主体，只有学生积极参与，才能取得较好的教学效果。探究性实验和验证性实验都要求学生要始终处于不断探究的情境中，主动实验、仔细观察、积极思维，因而能够激发学生的认识积极性，发挥主观能动性。

4.5.1.3　化学实验的方法论功能

从化学教学认识论角度来看，实验还是一种重要的感性认识方法，具有方法论功能。要想有效地获得化学实验现象和事实，就必须正确地运用实验方法（包括实验条件的控制、测定、实验观察和记录等具体的方法）。

（1）实验条件的控制方法。实验，实际上是条件控制下的观察，所有的实验都是在条件控制下进行的。所谓实验条件，是指同特定实验对象相联系，并对其状态、性质和变化发生影响的诸因素的总和。化学教学中的实验条件主要有化学实验药品（包括药品的种类、纯度、状态、形态、质量、体积和浓度等），化学实验仪器和装置（包括仪器的不同规格及其不同的安装方法），化学实验操作（包括点燃、加热、冷却、振荡、溶解、过滤、蒸发和蒸馏等）。

所谓实验条件的控制，就是通过改变实验条件，运用各种不同的实验比较法，来探寻最佳实验条件的一种科学方法。所运用的实验比较法主要有全面比较法、优选法、简单比较法和综合比较法（或称为正交实验法）。

（2）测定方法。测定是指根据一定的实验原理，通过测量得到的数据，对实验对象量的特征进行认识的一种科学方法。

（3）实验观察法。观察是人们有目的、有计划地通过感官或仪器，对观察对象进行感知的一种科学方法。依据是否进行人为控制,可把观察分为自然观察和实验观察。化学教学中的观察绝大部分属于实验观察。化学实验观察的一般顺序是:仪器和装置—反应物—物质变化的过程—生成物;内容包括观察化学实验仪器、装置和操作,观察物质及其变化等。在观察前教师对观察的重点要强调,使学生注意力集中在对重要的实验现象的观察上,比如溶液颜色的变化、沉淀和气体的生成等。

(4)实验记录方法。实验记录是指用文字、化学术语、化学用语、数字、计量单位、实验仪器和装置图、线图、表格等形式,对实验观察对象进行简要、概括描述的一种科学方法。

在进行实验记录时,应遵循以下原则:一是实事求是、准确无误。即观察到了什么就记录什么,不能凭主观想象,凭空编造实验数据和现象,更不能把观察到的现象与对现象的解释或推断混在一起,如看见"钠浮在水面上"(现象),就记录为"钠比水轻"(推断)或"钠的密度比水小"(解释),这是不正确的记录。二是周密完整,即要根据情况,尽可能将实验的全过程记录下来,如实验日期、目的、原理、仪器和装置、步骤、现象和数据、条件等,不能凭主观随意取舍。三是详细有序,即对每个实验现象都应按照实验过程的顺序详细地记录下来,不能只记录主要和显著的现象而丢掉次要和不突出的现象。

4.5.1.4 化学实验的德育和美育功能

德育和美育是化学教育不可缺少的重要内容,实验是德育和美育的重要途径和方法。通过化学实验可以对学生进行科学态度、环境教育以及化学美教育。

(1)科学态度教育。化学实验是培养学生科学态度的重要途径和方法,通过实验可以培养学生实事求是、严肃认真的科学态度。在化学实验中,有时产生的气体或沉淀量很少,现象不明显,这就要求学生细致地观察;有些实验反应较缓慢,要求学生不能性急,要有耐心;有些实验做一次不易成功,需要做几次,这就要求学生要有毅力,不怕困难和麻烦;有些实验结果与教材中的结论不完全一致,这就要求学生要尊重实验现象和事实,不能歪曲实验事实,从事实中找出原因。只有在实验过程的每一环节和步骤都保持认真的态度,才能培养学生一丝不苟的科学态度。

(2)环境教育。目前是一个备受注目的全球性问题,解决环境问题从教育入手,化学教育对此责无旁贷,化学实验更是任重而道远,要通过化学实验增强学生的环境意识。环境教育应通过实验与社会环境问题相结合。例如,学习了化合物的水溶解性就应与水污染联系起来。首先向学生提供某些有污染物的化合物在水中的溶解度等科学数据；然后组织学生测量当地资源中这些污染物的化合物的浓度，并且把这些数据与所报道的数据进行比较；引导学生根据所得到的数据发表自己的看法，讨论他们所得出的结论在环境保护方面的意义，从而培养他们的环境意识和环境保护能力。

（3）化学美教育。从化学学科特点出发，化学教学中的美育主要是对学生进行化学美教育。化学美是一种理性美，是化学内容的"真"与表达化学内容形式的"美"的有机结合。化学美教育就是通过对化学美的审美活动，培养学生感受、鉴赏、表现和创造化学美的能力，同时形成一定的化学审美修养的过程。化学实验美是化学美的重要内容，化学实验是化学美教育的重要途径和手段。在化学实验中，烧杯、烧瓶、锥形瓶等玻璃仪器形体上的对称性和比例的协调，能使学生感受到化学实验仪器的和谐美；仪器与装置、仪器与仪器之间的合理比例，横平竖直的外形，匀称均衡的结构，也可向学生展示化学实验装置的和谐美；正确和规范、灵活和熟练地进行实验基本操作，合理、简捷地安排操作顺序，能使学生体验到和谐和简捷等化学实验美；千姿百态、层出不穷的化学实验现象，能使学生产生赏心悦目的美感；书写实验报告时，工整、清晰的文字，简明、扼要、富有逻辑性的表述，比例协调、结构合理、外形美观的实验装置图，以及简捷、合理、巧妙的实验方案，都是学生对化学实验美感的追求、表现和创造。

4.5.2　化学实验的构成与组织

化学科学实验是指化学科学研究者根据一定的化学实验目的，运用一定的化学实验仪器、设备和装置等，在人为的实验条件下，改变实验对象的状态或性质，从而获得各种化学实验事实的一种科学实践活动。化学科学实验简称"化学实验"，它是化学科学研究不可缺少的实践活动。教师将化学实验置于一定的化学教学情境下，为实现一定的化学教学目的而开展的一系列教学活动，我们称之为"化学实验教学"。中学化学实验的主要内容有：化学实验基本操作，物质的制备（或合成），物质的分离与提纯，物质的分析（检验、鉴别与鉴定）。

4.5.2.1　化学实验的构成及过程

化学实验的构成：实验者、实验对象、实验手段。实验者是指化学实验的主体，化学教学中的实验者，可以是化学教师（演示实验），也可以是学生（学生实验）。所谓主体性，是指主体在认识和实践活动中所表现出来的自主性、能动性和创造性。学生的主体性,为化学实验教学中开展自主学习、能动学习和创造学习提供了可能。实验对象是指化学实验研究的客体。实验手段包括:(1)实物形态的手段。(2)观念形态的手段:主要有实验方法论和化学实验方法。实验方法论是关于实验方法在科学实验中产生、形成和发展的理论,它包括实验方法的发展史,实验方法在科学认识中的性质、地位和作用,实验的构成要素及其结构和功能,实验实施的一般程序和所运用的一些具体的科学方法(如测量、测定、实验设计、实验条件的控制、实验观察、记录、实验结果的处理等),实验方法与其他科学方法之间的辩证关系等。

化学实验的过程为:(1)确定化学实验问题;(2)化学实验设计;(3)实验条件的控制;(4)实验观察、记录;(5)实验结果的处理。

4.5.2.2　实验教学的策略

(1)遵循学生认知规律进行教学,设计问题策略。

(2)培养学生规范实验操作、良好的实验习惯。

(3)挖掘实验教学中的教育功能和价值,提炼蕴含在实验中的科学方法,培养学生的高级思维能力和创新能力。

初三学生第一次接触化学实验,往往会对化学实验表现出浓厚的兴趣,如果老师对实验的组织细节和步骤把握不好,学生往往就会在实验中只看了热闹,没看出本质,没有达到实验的目的。在化学实验操作已纳入中考的新形势下,义务教学阶段如何把握实验教学的细节,提高学生的实验动手能力,是我们当前实验教学中急需解决的问题。

4.5.2.3　化学实验的组织

(1)良好的开端。俗话说:"良好的开端是成功的一半。"在第一次实验之前做到以下几点:一是教育学生心态要放松,初次实验时学生往往既兴奋又紧张,忙乱中易出错。教师要做好学生的心理疏导,要求学生胆大心细,按要求规范操作。二是进实验室之前要让学生学习实验室安全管理规则,要求学生遵守实验室安全管理规则。三是对学生的分组要细致,可以让学生按固定座位依次入座,任命小组长,能力强的学生和能力弱的学生搭配在同一个小组。要求学生在实验前要预习,第一次实验之前教师要对学生预习进行指导,检查学生预习报告。让学生有备而来,避免盲目做实验。

(2)正确的重复。俗话说:"正确的重复是功夫。"在化学实验教学中,良好习惯和技能的形成必须是一个长期的过程。要根据学生的心理特点培养学生良好的实验习惯。

要按实验程序进行实验,围绕"明确目标—提出假设—实验探究—总结规律—获得结论"这一主线,让学生反复地做实验,促进学生形成技能。另外,要规范操作,长期坚持,形成技能。实验教学中新的技能并不是很多,但很容易出错,因此很有必要不断重复。学生要多练习,才能熟练,形成技能。在实验的过程中教师要示范正确的操作,对教师而言看似很简单的操作学生不一定能掌握。所以我们要不厌其烦地重复强调这些操作,示范这些操作。如液体药品的取用、量筒的读数方法等。

(3)合作学习。俗话说:"团结就是力量。"良好习惯和技能的形成在化学探究实验过程中单纯依靠教师往往是不够的,需要师生的共同努力。小组内成员要互相帮助,分组时优等生和学困生相互搭配。小组成员要相互合作,增强合作意识,促进能力的形成。探究实验是否能顺利完成一定程度上取决于合作程度,一定要让学生明白集体力量一定胜过个人,增强学生的合作意识,确保实验的成功率。教师要时时提醒学生实验中存在的问题,以便及时纠正,以免不良习惯的养成。加强师生交流,让学生及时反馈实验中存在的问题以及心中存在的困惑,以便使它们及时得到解决。实验习惯初步形成后,教师应及时向学生通报习惯保持情况,确保良好习惯的最终养成。

总之,在化学实验教学中,学生好习惯的养成和实验技能的有效提升需要我们把握好实验教学中的各个环节,需要师生的共同努力,需要我们对化学实验的组织细节做更深入的探索。

4.6　化学实验教学的形式

4.6.1　演示实验

演示实验有利于培养学生的观察能力。观察是人们有效地探索世界、认识事物的一种极为重要的心理素质,是人们顺利掌握知识、完成某种活动的基本能力。演示实验具有鲜明性、生动性和真实性,是激发学生学习兴趣、培养学生观察能力的重要手段。加强演示实验,培养学生的观察能力和实验技能,是素质教育的重要组成部分。在教学中我们要认真做好每一个演示实验,挖掘实验素材、创设情境,有的放矢地设置疑问,让学生带着问题去观察、思考,激发学生的学习兴趣。如通过提出"在做空气中氧气体积含量测定的实验时,经导管进入集气瓶的水的体积达不到 1/5 的原因是什么?"这个问题,引导学生讨论,争辩中激发了学生的发散思维,最后得到结论:水的体积达不到 1/5 的可能原因是装置不严密、红磷的量不足、集气瓶的温度未冷却到室温等。另外,由于化学实验多数是在试管中进行,小小的试管中所发生的变化及现象要让后排学生看清楚是不可能的,这样后排的学生就失去了应有的兴趣,在实验过程中允许应用实物投影仪,提高细微变化的可观察程度,使一般难以观察的细微变化清晰地展现在全班同学的面前。演示实验生动、直观、有趣,能强烈地刺激学生的感官,激发学生学习的兴趣,教师通过指导学生细心观察,让他们从观察中获得感性认识,有利于培养他们的观察能力和思维能力。

4.6.2　边讲边实验

化学教学过程,就其本质而言,是学生在教师组织引导下认识化学知识的过程,而技能、能力、方法和态度等都是通过化学认识过程来培养和训练的,在化学教学过程中要让学生有效地掌握化学知识,就必须对化学知识的认识过程展开,以便学生把客观形态的知识内化为主观形态的知识,使学生的学习成为有意义的学习。边讲边实验是实现认识过程展开的有效途径,边讲边实验不仅可以激发学生的学习积极性,增加实验的探索性,培养学生的动手能力,使每一位学生都能看清楚实验现象,而且便于学生了解化学概念和定律是怎样在实验的基础上建立起来的,从而更加深刻地理解和牢固地掌握化学知识。例如学习质量守恒定律,学生通过白磷燃烧、硫酸铜溶液和氢氧化钠溶液反应这两个实验,发现反应前后物质的质量未变化,然后总结归纳出"经过无数次实验都发现化学反应前后物质的质量不变,即质量守恒"的结论,教师再用原子模型启发学生思考为什么化学反应中质量守恒,这样的教学过程,使学生对质量守恒定律印象深刻,教学效果好。

4.6.3　学生分组实验

学生分组实验有利于培养学生的实验技能。化学实验教学中,形成学生实验技能的最佳途径是学生实验,利用学生实验,培养学生动手操作能力,是实施素质教育的重要途径。一般做法是:教师向学生布置实验预习题,让学生预习时明确实验目的、步骤和操作,做到有的放矢;其次,严肃实验纪律,在实验前强调操作的关键和注意事项,教师示范规范操作,引导学生规范操作,仔细观察,积极思考,在实验中掌握和巩固所学知识。如在做二氧化碳倾倒实验时,不仅要求学生用玻璃片挡住,而且要求学生倾倒时动作要缓慢,让学生观察到底层蜡烛先熄灭,上层蜡烛后熄灭的现象,使学生对二氧化碳既不能燃烧也不能支持燃烧且密度比空气大的性质有了较清楚的认识,把感性认识上升到理性认识。再比如在对制取二氧化碳的装置气密性进行检查时,用注射器改进实验,学生兴趣大增,且掌握了气密性检查的简便方法。学生实验有利于培养学生的科学态度和科学研究方法,逐步养成观察问题、分析问题的能力。

4.6.4　家庭实验

家庭实验有利于培养学生的创造力。创造力是当今社会人才最可贵的品质,创造力是对学生素质的较高要求,应在平时教学中一点一滴地培养。因为实验生动、直观、有趣,所以学生不满足于学校安排的实验,更有兴趣自己回家动手操作、探究。适当开展一些家庭小实验,可以满足学生的心理需求,调动学生学习的积极性,而且可以培养他们的创造性。家庭小实验需要教师的指导,教师可以按照“实验目的—实验用品—实验步骤—可能发生的实验现象—实验结论”这个思路引导学生设计实验方案,可以结合实验内容提出几个思考题,给学生讲清楚实验应注意的安全事项,让学生在做实验前已经心中有数。比如在学习了二氧化碳以后,可引导学生做“人体呼出的气体中二氧化碳含量的测定的对比家庭实验。学生为完成这个实验,首先用文字和装置图描述出自己的设计原理,然后从自己生活中找可用的东西作为仪器进行实验,这样不但巩固了所学的知识,而且有利于培养学生的思维能力和实验技能,更重要的是在生活中寻找仪器或自制仪器、在日用品中准备药品,这更能激发他们对化学学习的兴趣。

4.6.5　其他实验

化学课程标准的理念中明确指出:注意从学生已有的经验出发,让他们在熟悉的生活情境中感受化学的重要性,了解化学与日常生活的密切关系,逐步学会分析和解决与化学有关的一些简单的实际问题。充分认识实验教学在化学教学中的地位和作用,切实采取有效措施,加强实验教学,是实现化学有效教学的重要环节。

4.6.5.1 替代实验

利用生活中的常见品或废弃物制成简易的实验仪器,或用来替代实验中的化学药品,有助于解决实验仪器药品的短缺问题,还可以培养学生的实践能力及节约和环保意识。如用生活中的鸡蛋壳代替碳酸钙,用食用碱代替碳酸钠,用废弃的饮料瓶和小药瓶作反应容器;又如空气中氧气体积分数的测定实验,可用小药瓶作为反应容器,进行微型实验。

4.6.5.2 课外实验

对有兴趣的学生,教师指导学生可以利用课余时间,做一些课外实验,比如课本中的实验原理装置的改进、测定当地工厂排出的酸性或碱性污水的酸碱度、测定土壤的成分、保鲜剂或"暖宝宝"成分的探究等。

4.7 化学实验教学改革

4.7.1 开发趣味性实验

趣味实验可以激发学生的求知欲望和学习兴趣,让学生有效地掌握化学知识,培养学生的创新能力和实践能力。趣味实验要遵循操作安全简单、体现趣味性的原则,充分重视学生的积极性与主动性以及探究知识的能力培养。

案例 4-1 利用酸碱指示剂设计"秘密情报"

设计意图:利用趣味实验激发学生兴趣,使学生领悟酸碱指示剂及酸碱反应。

实验步骤:利用毛笔蘸取酚酞溶液,在白纸上写上"秘密情报",选择稀氢氧化钠溶液在纸上喷洒,白纸会立即变成红色文字,接着选择稀盐酸在白纸喷洒,红色文字会立即消失。

4.7.2 演示实验向边讲边实验转化

边讲边实验是在演示实验教学改革中诞生的一种教师讲解与学生动手

实验相结合的教学模式,凸显化学以实验为基础的学科特点,顺应化学教学由教室向实验室转移的改革趋势。从演示实验到边讲边实验,绝不是一种简单的教学场景和教学形式的变换,它蕴含着教师对教学目的、教学关系、教学方法的重新审视和思考。以知识获取和实验能力培养为双重目标,从关注结果变为关注过程,从重视知识传授变为重视学科方法、学习能力的培养。

4.7.2.1　边讲边实验的优势

与演示实验相比,边讲边实验具有以下优势。

(1)增强学生对实验现象的感受。在课堂演示教学中,有些实验现象只有教师和前排的一些学生能观察清楚,多数同学只能留下影影绰绰的印象。边讲边实验拉近了学生与实验的距离,零距离的观察会使学生对实验现象有更强烈的感受。

(2)培养学生的实验操作能力。演示实验的功能主要是实验操作及现象的展示,在演示过程中学生是被动地观察,边讲边实验可以通过让学生自己动手操作、用脑思考和仔细观察,达到了使学生的多元智力协调发展的目的。

(3)培养学生的研究能力。演示实验教学强调的是知识的传授,边讲边实验则更注重知识的生成性,关注科学方法的培养和发现过程的体验,从而培养学生的研究能力。

4.7.2.2　边讲边实验的教学策略

(1)合理分配和控制课堂上的时间。在边讲边实验的教学中,实验内容仅仅是课堂教学内容的一部分。实验内容可能是为物质的性质、规律的归纳推断提供感性的实验事实,或对物质的某些性质、规律加以验证,但实验操作需要占用时间。边讲边实验的课程性质决定了其实验不可能像学生实验那样从容,一个实验必须尽可能在规定的时间内完成。这就要求教师合理安排并控制好课堂上的时间,在讲解核心知识和实验要点后,学生做实验时要走下讲台,巡回指导,纠正不规范操作;由于实验能力强的学生和能力较弱的学生完成实验所需要的时间不同,教师要控制好学生做实验的时间;实验结束后,引导学生分析讨论,特别是针对一些失败的学生实验进行分析,总结成功的实验。

(2)精心设计实验教学。教师课前应精心准备,对原有实验进行再思考和再创造,要善于换位思考,从学生的角度对实验内容、仪器、试剂用量及操作步骤重新进行选择和设计,前瞻性地分析实验过程中可能出现的问题,特别是实验能力差的学生可能出现的操作障碍,计划学生做实验的时间,在此基础上设计教学。

(3)设计学案。演示实验教学的内容大多为元素化合物性质的知识,难度较低,适合学生自学。教师精心设计好学案,通过学案来指导学生学习。设计一系列有梯度的讨论题为学生搭建一个讨论、交流平台,以便突破教学中的重点和难点。学生根据学案独立自主地完成实验和学习,教师加强对实验和学习的指导。

(4)灵活应对教学中的突发情况。对于实验中出现的意外现象,教师既不能视若无睹,面对学生穷追不舍的追问无动于衷或敷衍了事;也不能被动地受其牵制,囿于其中,把本节课的教学任务置于脑后。在保护学生积极性的前提下,要引导学生在规定的时间内完成实验。

4.7.3 验证式实验向探究式实验转化

《普通高中化学课程标准(实验)》中特别强调:"通过以化学实验为主的多种探究活动,使学生体验科学研究的过程,激发学习化学的兴趣,强化科学探究的意识,促进学习方式的转变,培养学生的创新精神和实践能力",给学生的创造性和主动学习提供空间。

探究活动注重学生的"手脑并用",许多探究实验都需要学生收集资料、设计方案、提出假设、验证实验、观察思考,得出结论。教师要给学生提供更多的动手机会,可以把演示实验、分组实验设计成探究实验,也可以根据教材内容设计课本上没有的实验,引导学生探究。

4.7.4 多媒体技术与实验的整合

化学实验不能用多媒体模拟来代替,对于无法做的实验可以利用多媒体模拟,充分利用多媒体 CAI 中的文字、声音、图像、动画等功能为学生提供一个生动、逼真的教学环境。或实验前通过多媒体演示,介绍正确的实验规范操作,然后让学生动手做实验。多媒体模拟实验的整合,提高了实验教学的效率。

(1)实验有危险时,可用多媒体模拟。制取有毒气体等一些有污染性的气体时,利用多媒体,通过计算机的模拟,可达到既避免污染环境又能掌握化学知识的双重目的。设计时可充分利用教材中配有的插图、图解、图文等内容,并用计算机进行重新编辑、压缩、放大,同时加入动画和声音,让学生在一种洁净的环境中获取知识。

(2)对一些不易操作、现象不明显、反应过程繁琐的实验,在实验前可以利用多媒体技术展示规范的实验操作。如实验室制 O_2 的过程中,实验完毕后,应先从水槽中移出导管,再熄灭酒精灯,如若不然,水槽中的水会倒流入热的试管引起试管炸裂。但在实验操作中很难去演示试管的炸裂,以往老师只能靠讲解来说明,非常抽象难懂,现在这一系列过程通过多媒体放出来以后,学生看到试管的炸裂,听到玻璃炸碎的声音,有身临其境的感觉,能牢牢掌握,再做 O_2 实验就能运用正确规范的操作去做实验。

(3)对一些反应缓慢的实验,可利用多媒体技术。如物质的缓慢氧化,其反应过程所需时间很长,在课堂上很难配合老师的讲解进行。这种情况下利用多媒体技术,学生就能在很短的时间内了解到实验的全部过程,再配合课外观察到的现实中的化学现象,能给学生留下难以磨灭的印象。

(4)化学课堂上无法演示的实验,可利用多媒体技术。如讲解"燃烧的现象"时所述及的可燃性气体、粉尘与空气形成的混合物,遇到明火容易发生爆炸事故,其原因就是可燃性气体分子或粉尘与空气的接触面积很大,使有限空间里的反应在极短的时间里迅速完成,热量集中,气体体积突然膨胀,从而造成爆炸。就这样一些简单的道理,老师很难用口头或书面语言解释清楚,而且课堂上也无法都进行实验演示,学生总是觉得这些知识抽象,很难理解,借助于多媒体技术,如播放 Flash,就能很轻松地通过画面、声音等形象地演示出来。

(5)利用多媒体模拟一些错误的操作。一些错误的操作往往会带来严重的后果,用真实的实验来证明那是绝对不允许的,学生不能亲自体会错误的操作,也体会不到错误操作带来的危害。一些学生会认为教师的讲解是危言耸听,始终半信半疑。用计算机模拟这些错误操作,通过慢动作将步骤分解,以动作、形象和声音的形式表现出来,这样不仅能让学生将错误的原因弄清楚,而且学生看了以后印象深刻。如:稀释浓硫酸时将水倒入浓硫酸中,液体沸腾飞溅;用排水法收集氧气时,如果先停止加热,然后将导管移出水面,而使水倒吸,试管会炸裂;当加热液体超过三分之一的试管且试管口朝着人时,液体冲出管外且灼伤人;等等。这些操作都可以通过动画模拟来完成,配上声音和色彩,学生清楚地看到错误的操作所带来的危害,从而印象深刻并加深对错误原因的理解。

(6)利用计算机模拟合理搭配实验装置。如在学习实验室制取氧气和二氧化碳的装置时,利用多媒体技术设计一套课件,让学生自己用鼠标选择仪器。如果正确了,该仪器会停留在正确的位置不动;如果不正确,则备选仪器仍回到原来的位置,让学生反复练习这类实验,可大大提高化学实验复习的效率。

(7)利用多媒体技术教学可以激发学生的学习兴趣。多媒体实验教学形象生动,有利于化解教学难点,提高教学质量,更便于学生理解和记忆,激发学生学习化学的兴趣,也进一步提高学生探索知识的主动性。

(8)利用多媒体技术教学,扩充教学资源。要学会从网上搜索中学化学教学信息,要将一些有参考价值的信息下载到本地计算机上,学会用浏览器收藏,因为有些界面可能随时被网站所删除。更何况,免费的资源在减少,注册、收费的网站在增多。

第5章　化学教学测量与评价

教学测量与教学评价关系密切,教学测量是以教学评价为目的的,是教学评价的基础,是对教学进行量的确定,是教学评价所需信息的可靠来源,为教学评价提供主要依据,教学测量的结果只有通过教学评价才能获得实际意义。测量是比较单一的定量描述,评价是比较复杂的认识活动,是人的意识对实践活动及其结果的综合反映,是定量与定性的结合。

5.1　教学测量与评价方法

5.1.1　教学测量的方式

5.1.1.1　口头方式

教学活动中的提问、讨论、谈话及阶段教学结束时的口试均为口头方式。口头方式比较灵活机动,可以及时反馈学生的知识水平、能力水平、思想品质,以及灵活应变的思维能力。但它费时较多,管理复杂。

5.1.1.2　书面方式

教学活动中的书面作业、实验报告、调查报告、小论文及纸笔测验均为书面测量方式。其中,纸笔测验是效率较高的书面测量方式,能用来举行大规模测量,且测量结果具有可比性,在现行我国基础教育教学中,被广泛应用。

5.1.1.3　实验方式

实验方式多用于需要实际操作的学科、如物理、化学、生物的实验等。

化学实验测量就是通过学生按要求完成某些实验过程,包括仪器配置、实验操作、现象观察及解释、数据记录和处理等环节,测量学生化学知识和技能的掌握水平。这种测量方式在化学教学中使用的范围将逐渐扩大。

5.1.1.4　活动方式

活动方式主要是指学生个人或小组进行的实验设计、工厂参观、社会调查、角色扮演等研究性的学习活动。有利于考查学生的综合思维能力、运用知识的能力、表达能力。这种方式能体现科学探究的要素,是国际上倡导的价值发展性评价方式。但这种方式往往耗时,需要评价者精心组织和妥善管理。

依照测量的功能和针对性不同,在教学工作中,往往综合运用以上几种方式。

5.1.2　教学测试的分类

教学测试是教学测量的工具和手段,类型很多,可从不同角度,按不同标准对它进行分类。

5.1.2.1　按测试的目的分类

按测试的目的,可以将教学测试分为以下几类:

(1)诊断性测试。是指在教学活动开始之前,为使计划更有效地实施而进行的预测性、摸底性测试。如新生入学时,新学年、新学期开始时或新知识学习前所进行的测试。诊断性测验主要目的有两个:一是了解学生是否具有新的教学所必需的基本能力和技能,以确定教学的起点,安排教学计划。二是了解差异情况,哪些学生基础较好、潜力较大,哪些学生基础较差、程度如何。了解差异在于加强个别化教学,做到因材施教。

(2)形成性测试。是指在教学活动计划实施的过程中,对计划、方案执行的情况进行的检查测试。如教学过程中的单元测验、阶段考试等。通过形成性测试,可帮助教师了解学生对学习目标的掌握情况,及时对教学工作进行调整,形成良好的教学过程,使计划、方案不断完善,以达到预期的教学目标。学生也可以利用形成性测验进行自我反馈,找出差距,并通过自我调整达到目标。

(3)终结性测试。是指某一教学活动项目告一段落或完成以后进行的测试。如期末考试、学年考试、毕业会考等。通过终结性测试,检查这一阶段的教学质量,学生的学习情况,是否达到教学目标以及达标率;教师的教学成就如何,还存在哪些问题和不足,为有效改进教育提供依据。

(4)学能倾向性测试。是指为了考查学生的能力发展倾向和发展潜能而进行的各类竞赛、升学考试等。通过学能倾向性测试,可以选拔人才,因材施教,甄别教学。

5.1.2.2　按测试的参照标准分类

按测试的参照标准,可以将教学测试分为以下几类:

(1)目标参照测试。目标参照测试是以某种目标为依据来进行命题和分数解释的考试。这种考试的分数解释是依达标情况进行的,对学生个体之间能力水平的差异不做比较。如初、高中的学业(毕业)水平考试就属于这一类。其分数解释是以该学段的教育目标为标准来衡量学生的达标情况,其及格的参照点是最基本的教育目标要求水平。

(2)常模参照测试。常模参照测试是依据测试集体的常模(平均分、标准差等)来解释分数的测试。这种考试着眼于学生成绩的区分,将学生个体之间的能力水平进行比较。我国高考属于典型的常模参照考试,另外还有各类竞赛考试。常模参照测试通常是为了甄别和选拔不同能力水平的学生而进行的。

除上面两种分类方法外,还可以按测试的功能,将教育测试分为能力倾向测试、学业成绩测试、人格品德测试;按测试的对象,将教育测试分为团体测试和个体测试;按测试的材料,将教育测试分为文字测试和操作测试等。

5.1.3　测试质量的分析方法

5.1.3.1　试题的信度

试题的信度即试题的可靠性,是指采用同样的方法对同一对象重复进行考试测量时,其所得结果相一致的程度。试题的可信性高或可靠性高,表明考试测量结果的一致性好、重复性好,因而可以反映被测试学生的真实水平,一贯的学业成就与表现。

考试分数中,随机误差所占比重越小,测量的可靠性越高,测量结果的一致性、重复性就好。换言之,考试分数中随机误差的大小是决定考试信度的重要标志。信度指标多以相关系数表示,信度系数的测量方法很多,常用的有重测信度法、复本信度法、重测复本法、折半信度法、同质性信度法等。

信度值在 $0 \sim 1$，信度值越大，表明可靠性愈大。信度值为 1，表明试题可靠，考试的分数完全排除了随机误差，测量结果完全稳定，每次测量所得的成绩与学生的实际学习情况相符。信度值为 0，表明试题极不可靠，测量结果极不稳定，考试的分数完全决定于随机误差，与学生的实际学习水平毫不相关。信度是衡量考试质量的一个重要技术指标。一般知识性测量要求信度在 0.9 以上，选拔性测量（如高考）要求信度在 0.8 以上，水平性测量（如年级考试）要求信度在 0.6 以上。

5.1.3.2 试题的效度

效度是指一次考试能有效地测量学生的实际学习水平的程度，是试题的有效性和准确性指标。具体地说，它指测量的内容、范围，以及试卷的难度分布等，跟测量目标的适合程度。它反映评价所用的试题能够测出其所要测量的特性的程度，即反映实测与欲测的矛盾。所以，效度总是和一定评价目标紧密相关，离开评价目标谈效度是没有意义的。

按照不同的用途，还可以进一步将效度分为不同的种类，通常有内容效度、效标相关效度和构造效度三类。就化学的教学要求来说，主要考虑内容效度和效标相关效度两种。

内容效度是指试卷中的测量内容跟课程教学内容的吻合程度。测量内容越是正确地反映出教学内容，则试卷的内容效度就越高，反之，内容效度则越低。因此，教学目的和教学内容就是内容效度的两要素。要衡量考试在测量学生某一学科知识的整体表现中的作用时，应当采用内容效度。内容效度一般不用数量化指标来表示，主要依靠在某种依据的基础上做出逻辑分析。为了提高测验的内容效度，首先要注意界定测验的内容范围，其次要注意系统取样。目前，大多化学科成绩测验的编制者根据教学目标的分类，先拟就测验的蓝图，将各部分内容和教学目标各层次按确定的比重表达出来，然后编制测题，以满足提高内容效度的要求。

效标相关效度是指考试的分数与效标的关联程度。效标是指考试所要测量的或所要预知的行为特征、标志，它是检测效度的参照标准。通常，效标是用另一次考试的结果来表示，当然，要求另一次考试要具有比较高的有效性，最好是标准化考试，以便使它的结果确实能反映该行为的特征。

在实施测量后，将测验分数与已举行过的受试者接受的其他测验（如标准化测验）结果做比较，从而计算出相关系数。求出的相关系数（γ）值越高，表明所编制的试题准确性越大。效标相关效度值在 $0 \sim 1$，$\gamma = 1$，表示考试完全符合教学内容要求，$\gamma = 0$，表示考试完全与要考的内容无关。一般标准化测验的效度系数在 $0.4 \sim 0.7$。

5.1.3.3　试题的难度

难度是指项目的难易程度。反映项目的难易程度的数量化指标叫作难度系数,简称难度。试题的难度是指试题的难易程度,通常使用试题的平均得分率或答对率(P)表示,其计算公式如下:

$$P = \frac{\bar{x}}{x}$$

式中,$\bar{x}$ 为该试题平均得分,x 为该试题满分分值。如果某试题满分为 10 分,平均得分为 6.5 分,则 $P = 6.5/10 = 0.65$。P 值在 $0\sim1$,P 值越大,说明试题越容易;P 值越小,说明试题越难。测验试题的难度必须适当,经验与研究均表明,倘若整个测验所有题目的难度系数分布在 $0.3\sim0.7$,并且整个测验的难度系数在 0.5 左右时,可以使测验分数接近正态分布,可使测验对被试有较大的鉴别力。

一般考试试卷中多数试题 P 值在 $0.3\sim0.8$,少数试题大于 0.8 或小于 0.3,只有难度适当,方能保证测验试题具有较高的区分度。难度过大或过小,都会降低测验的区分度,从而影响测验的效度和信度。

5.1.3.4　试题的区分度

区分度是指试题区分不同学生的知识和能力水平的程度。高水平学生得分较高,低水平学生得分较低,则该试题区分度高。反之,若实际水平相差悬殊的学生所得分数差不多,则该试题区分度低。所以,试题的区分度又叫鉴别力。

对于试题的区分度,比较方便简单的是用极端分组法计算区分度,极端分组法是通过比较两个极端效标组(高分组和低分组)在同一项目上反应的差异来估计项目区分度的。如得分率求差法和得分求差法。

(1)得分率求差法。

计算公式:

$$D = P_H - P_L$$

式中,D 为区分度,P_H 为高分组通过该项目的人数比例,P_L 为低分组通过该项目的人数比例。

(2)得分求差法。

计算公式:

$$D = \frac{H - L}{n(X_H - X_L)}$$

式中,D 为区分度,H 为高分组得分总和,L 为低分组得分总和,n 为高分组（低分组）人数，X_H 为高分组的最高得分，X_L 为低分组的最低得分。

　　高分组和低分组的划分，先将被测学生按其总分由高到低的顺序依次排列，然后取其上端一部分为高分组，取其下端一部分为低分组。对于极端分组的人数应占多大比例，要视具体情况而定。如果测验总分的分布符合正态，最适当的比例是高分组和低分组各占 27％；如果分数分布较正态分布平坦，高、低分组人数比率要略高于 27％；一般情况下，其比率介于 25％～33％即可。

　　一般认为，试题的区分度值达到了 0.3，便可以接受；达到了 0.3 以上为好的题目；在 0.4 以上为优秀题目；低于 0.2 的题目，区分能力差，应该修改或淘汰。题目区分度的实质是用以鉴定一个题目有效性的指标，它的高低变化对测验的质量具有深刻的影响。与题目的难度相比，人们更关注题目的区分度的高低，并以此作为筛选和修改试题的主要依据。

5.1.4　教学评价的方法分类

　　教学评价是教育管理的重要组成部分。有评价的管理是一种科学的管理，缺少评价的任何管理都是不健全、不科学的。

5.1.4.1　相对、绝对和个体差异评价法

　　按评价的基准来分，评价方法可分为相对评价、绝对评价和个体内差异评价。

　　（1）相对评价。

　　相对评价是指在评价对象团体中确定一个基准，或以某一团体的评价状况为基准，对团体中的个体成员在这个团体中所处的相对位置进行评价。相对评价的特点：一是评价基准是在评价对象团体内部确定的；二是参照的标准是对团体进行测量以后确定的；三是它关心的是团体成员在该团体中所处的相对位置。当要在某考生集体中比较各考生相对位置时，该集体便称为常模团体，常模团体的统计量（如平均值、标准差等）叫作常模资料。评价结果用分数表达时，常用的相对评分方法有以下几种：标准分数如 Z 分数、T 分数、GEEB 分数和百分位分数等。

　　相对评价法能将评价对象排列起来进行比较，其分数还可以相加组合。但其缺点是"从矮子里拔高子"，然而拔出的"高子"未必真的是"高子"。所以，该评价法容易降低客观标准。

（2）绝对评价。

绝对评价是指以预先制定的目标为评价基准，评价每个对象达到目标或基准的程度，也称目标参照评价。绝对评价的特点：一是评价基准是在评价对象团体以外确定的；二是参照标准是在对团体进行测量以前确定的；三是它关心的是评价对象达标的程度。比如，各级学校的毕业考试就属于绝对评价，其评价标准就是权威机构颁发的课程标准和教材，通过测验来衡量学生达到标准的程度。评价结果用分数表示，可采用百分制，如果 100 分为满分，那么凡是 60 分或以上者都为合格，也可采用优、良、中、及格、不及格的五级分制。该方法能使被评价者明确自己与客观标准的差距，从而激励其积极、上进。该方法的缺点是客观标准很难客观。

（3）个体差异评价。

个体差异评价是指按个人标准进行评价。一种是学生个人的过去与现在相比较，以了解其进步情况；另一种是对学生个人的某些侧面进行比较，以了解其长处和短处。此法能帮助教师因材施教，但既不能与某客观标准比较又不能与别人比较，易使学生自我封闭、自我满足。

5.1.4.2　定性评价与定量评价法

按评价的方法划分，评价方法可分为定性评价与定量评价。

（1）定性评价。

定性评价是指用语言描述形式以及哲学思辨、逻辑分析揭示被评价对象特征的信息分析、处理方法。定性评价的目的是把握事物质的规定性，形成对被评价对象完整的看法。它是分析处理教育评价信息最常用的基本方法之一。

定性分析关注事物发展过程以及相互关系，突出被评价者特性的整体性、发展性、综合性；定性分析的对象主要包括访谈记录、观察记录和文献信息等；定性分析无严格的分析程序，有较大的灵活性；定性分析主要采用归纳逻辑分析及哲学思辨方法，对原因进行深入分析和探讨；定性分析容易受主观因素的影响，并且对背景具有敏感性，认为不同的情境会导致不同的行为。

（2）定量评价。

定量评价是指用数值形式以及数学、统计方法反映被评价对象特征的信息分析、处理方法。定量评价的目的是把握事物量的规定性，客观、简洁地揭示被评价对象的重要的可测特征。

定量分析注重被评价对象的可测特征，进行精确而简洁的量化描述；定量分析的对象是具有数量关系的资料，如问卷调查和测验的信息，信息具有可比性；定量分析具有严格而规范的分析程序和很强的顺序性；定量分析采用数学和统计分析的方法,通过数学或逻辑运算,抽取并推导出对特定问题有价值的数据,并在此基础上得出结论;定量分析受分析者主观影响相对较少,客观性强;定量分析可借助计算机等现代化手段完成分析,效率较高。

5.1.4.3 自我评价与他人评价法

按评价的主体划分,评价方法可分为自我评价与他人评价。

(1)自我评价。

自我评价是指评价者按照一定的评价目标要求,对自己的工作、学习、品德等方面的表现进行的价值判断。自我评价能充分发挥评价对象在评价中的积极性,激发被评价者的自尊心、自信心,使之自觉地、主动地接受评价。

(2)他人评价。

他人评价是指被评者以外的人进行的评价。他人评价,一般较严格、慎重,也比较客观,可信度较高,具有一定的权威性。

自我评价和他人评价各有优缺点,在实践上应该把两者结合起来进行。

5.1.4.4 分析评价与综合评价法

按考查局部和整体划分,评价方法可分为分析法与综合法。

(1)分析评价。

分析评价是指预先根据评价的观点,把评价内容分解为几个项目,分别进行评定。例如评价化学实验的水平时,评价项目可以包括实验取材、实验方案、实验操作、实验现象、结果处理、实验态度等。

(2)综合评价。

综合评价是指对评价内容的整体进行评价。评价者应有丰富的经验、能凭直观和直觉做出评价,虽然没有分解评价内容,但是分析评价过程是在头脑里进行的。

分析与综合不是对立的,在实践中,总是先分析评价,再进行综合评价,使分析与综合统一起来。

5.2 化学新课程对化学教学评价提出的要求

化学课程标准由《全日制义务教育化学课程标准》(实验稿)与《普通高中化学课程标准(实验)》两部分组成,它们针对新的教育观念与新的化学课程目标对化学教学提出了新的评价建议。

5.2.1　化学新课程对化学教学评价改革提出的要求

评价的基本功能是诊断与甄别、促进与发展、调整与管理,但核心是依据并服务于标准和目标,评价与目标具有很强的对应性。对化学教与学评价进行改革的基本依据是新课程目标体系。因此,要明确评价改革的重点和方向,就必须研究新的化学课程目标。

如何对课程目标进行评价,如何对学生的发展与进步进行有效的评价?是化学学科学习评价必须要研究和解决的重要问题。首先应该明确中学化学学科学习评价改革的重点和方向。

5.2.1.1　化学新课程对学生学习评价的整体导向

化学新课程对学生学习评价的整体导向(以新的义务教育化学课程目标对评价提出的要求为例来说明):

首要的是将促进学生科学素养的全面发展作为化学教学评价的根本宗旨。由此决定了新的评价将不再仅仅评价学生对化学知识的掌握情况,会更加重视对学生科学探究的意识和能力、情感、态度、价值观等方面的评价。而且,即使是评价学生对化学知识的掌握情况,也更加关注学生对化学现象和有关科学问题的理解与认识,而不再纠缠对概念、名词、术语和具体细节性事实的记忆背诵,更加重视对学生应用所学的化学知识分析和解决真实的实际问题的能力的考查和评价。

总之,新的化学课程对评价提出了新的要求,既包括评价在价值取向、目的标准、功能任务上的重要转变,也包括评价手段和方式上的发展变化。主要表现为:由唯认知性评价转向对科学素养的评价;由以甄别与选拔为主要目的转向以激励和促进学生发展为根本宗旨的评价;由要素性评价转向综合的整体性评价;由静态结果性评价转向活动过程与活动结果评价相结合的评价;由只针对个体的评价转向对个体与小组评价相结合的评价;由追求客观性和唯一标准答案的评价转向重视个体的认识和理解的相对性评价。为了实现上述转变,应该正确认识和处理以下主要的矛盾和关系:平时的评价与中考评价的关系;现行的评价观念和方法体系与新课程所倡导的评价观念和方法体系的关系;教师与新的评价体系的关系;评价行为、方式与教学行为、方式的关系;评价与课程标准的关系。

5.2.1.2　重视对学生化学学业成就评价的综合设计

评价是一项系统工作,要做好对学生学业成就发展的评价工作,必须具有综合设计的意识,要全面考虑评价的目的和功能、评价的内容和目标、评价的方式和方法、评价工具、评价的时间间隔、评价的组织实施、评价的标准和指标以及评价结果的呈现、分析及反馈方式等各方面。

(1)明确评价的目的和功能。包括确定评价的目的和功能是选拔、诊断、教学、促进还是管理?被评价的主体是学生个体还是群体?实施评价的主体是学生自己还是教师或家长?

(2)设计评价的内容和目标。评价的内容和目标可以依据课程标准设定。需要明确评价的内容和项目是单项还是综合?评价的内容是学生在什么方面的发展?评价所指向的预期目标是课程总目标还是主题内容学习目标?

(3)选择评价的方式和方法。是采用自我评价还是他人评价?是使用纸笔测验还是活动行为表现评价或档案记录评价?是采用"隐性评价"还是"显性评价"的方式?

(4)设计评价工具。根据评价的目的、内容,准备采用的评价方法,选择具体的试题、活动任务等评价工具。

(5)预期评价的组织与实施。评价活动与实施过程是在课堂内还是课堂外进行?是在教学过程中进行还是独立进行?评价实施的时间间隔是课、节、单元,还是章、学期、学年?

(6)设定评价的标准或指标。评价采用什么作为结果解释的标准?是常模参照,目标参照还是以学生本人过去的行为表现作为参照?

(7)设计评价结果的呈现、分析解释及其反馈的方式。是进行定性还是定量报告?是即时还是延时进行反馈?是采用等级、分数还是描述性评语的方式呈现评价结果?评价设计的上述各个方面,是相互制约相互影响的,需要进行系统设计。

5.2.1.3 化学新课程对教师教学的要求和评价策略

课程改革的核心环节是课程实施,而课程实施的基本途径是教学,如果教学观念不更新,教学方式不转变,课程改革就将流于形式,事倍功半甚至劳而无功。课程教材改革是素质教育的突破口,而教学改革将是一场更持久、更复杂的攻坚战。

教师教学评价改革中最重要的问题是,对教师教学工作进行评价的重点、内容和标准的制定必须有利于教学观念和教学方式的转变,这样才可能保证学生学习方式的转变,从而落实课程标准的目标和要求。

对教师教学工作进行评价的基本要求是:以课程改革指导纲要和新的课程标准为基准,有利于促进学生科学素养的全面发展,有利于发挥教师教学工作的主动性、积极性和创造性,有利于教师实现教学观念和教学方式的转变,有利于教师角色的积极转变,有利于促进良好校园文化的建设,有利于教师反思意识和专业能力的发展。

对教师教学工作进行评价的重点和内容包括:教师的教育教学观念;教师的教学基本功;教师课堂教学的高级教学策略水平。

对教师课堂教学的评价应该更注重上述各方面,而不是教师是否按时完成规定的教学任务;应该更加关注学生在课堂中的感受和收获多少、发展和变化多少,而不是教师讲了多少,做了多少。

人们可以通过了解学生在课堂上主动提出问题的次数和质量如何,学生分组讨论和实验活动时是否积极、有序,课堂上所研究的问题是否有价值,问题是由学生自己提出的还是由教师提出的,是否鼓励学生自己针对问题发表自己的观点和看法,学生有无针对问题的答案提出自己的假设,课堂上所学习的内容是否与课程标准吻合相关,教学是否体现课程标准的要求等来帮助对教师课堂教学进行评价。

除此之外,还应该评价教师为了课堂教学做了哪些准备,为了克服教学中的困难做了哪些努力,为学生做了哪些辅导和服务,选择了哪些有意义的课程资源,教师是如何处理课程标准、教材、课程资源与课时等之间的关系。

教师教学评价的方法和策略必须多元化和多样化,以适应不同教师不同的教学风格以及教学活动的类型多样化的需要。其中课堂教学的评价可以采用现场听课、录像观摩、教案和教师工作档案评定等方法,评价主体应有教师自评、同行教师评价,学生和学生家长评价。

5.2.2 《全日制义务教育化学课程标准》(实验稿)对化学教学提出的评价建议

以培养和发展学生科学素养为宗旨的化学课程需要与之相适应的评价体系。这一体系既要评价学生化学知识的掌握情况,更应重视对学生科学探究能力、情感态度与价值观等方面的评价。

对学生的学业评价注重评价与教学的协调统一,强调过程评价与结果评价并重。强化评价的诊断与发展功能,弱化评价的选拔与淘汰功能;强化评价的内在激励作用,弱化评价的外在诱因和压力作用。要改变过分追求评价的标准化和客观化的倾向,突出评价的整体性和综合性。对评价的方式,标准提出如下建议:

5.2.2.1　重视学生自我评价对学习活动的促进作用

在重视教师及他人对学生学习状况进行评价的同时,更要重视学生个体的自我评价。学生自我评价可以采用建立化学学习档案的方式。学生在学习档案中收录化学学习的重要资料,包括单元知识总结、疑难问题及其解答、探究活动的设计方案与过程记录、收集的化学学习信息和资料、学习方法和策略、自我评价以及他人评价的结果等。

例如,学习"身边的化学物质"这一主题的有关内容时,可在学习档案中收录以下资料。

(1)自己或同伴收集到的有关化学物质的资料,如新闻和科技动态的剪报、图片、照片实物等。

(2)学习空气、水与溶液、金属、生活中的化合物等多项内容后,对这些物质的性质及其与社会生活关系的认识。

(3)有关氧气、二氧化碳气体学习的探究活动资料(包括提出的问题与假设、设计的方案、实验记录、对实验活动的自评和他评、对实验的反思与体会、问题讨论中的主要观点等)。

(4)对当地污染状况的调查和防治污染的建议。

(5)对化学在空气污染的形成与防治中的功过的认识。

(6)对自己学习状况的评价,包括基础知识、实验设计和探究活动等情况,及有待改进的问题和改进的设想。

学生针对学习档案记录的内容进行自我反思和小结,有利于提高学习的主动性,使学生的学习由外在的压力逐步转向内在的需要,从而有效地提高学习质量。

教师通过学生学习档案和自我评价资料,可以了解学生的学习态度和学习特点,了解学生对知识的掌握情况以及在观念和方法上的进步,并及时地给予针对性的指导。

5.2.2.2　通过活动表现评价学生的探究能力和情感态度与价值观

传统的纸笔测验侧重对学生知识掌握的结果进行评价。但对学生在探究能力、实验技能、情感态度与价值观等方面的发展则更需要通过学生的活动表现来作出评价。

活动表现评价是通过观察、记录和分析学生在各项学习活动中的表现,对学生的参与意识、合作精神、实验操作技能、探究能力、分析问题的思路、知识的理解和认知水平以及表达交流技能等进行全方位的评价。评价结果以简单的方式加以记录,在比较、分析基础上,给出恰当的反馈激励学生进步。活动表现评价可以采用独立、小组或团体的形式,既可以在学习过程中进行,也可以在学习结束后进行。在评价过程中应该注意既评价学生在活动过程中的表现,又评价学生的活动成果。

例如,在"测定一段时间内本地雨水的 pH,绘制时间 t-pH 关系图,讨论本地区出现酸,雨的情况,分析可能的原因"的活动中,学生要经历"提出问题(本地区可能有酸雨),取样和测定雨水的 pH,记录数据,处理数据,通过比较得出结论(作出是否存在酸雨的判断),根据本地的实际分析各种可能的原因"这样一个过程。考查和记录学生在这个过程中的具体表现,从学生参与探究活动的积极性、实验技能、记录和处理数据的能力、实验报告的合理性、学生交流讨论和发表见解的情况等作出综合的评价。

又如,对"认识金属材料在生产、生活和社会发展中的重要作用"这一观念性目标的评价,可通过学生收集有关的资料,编辑有关的墙报,就"金属材料的利与弊"开展的讨论活动等,对学生进行评价。

活动表现评价为全面了解学生的科学素养的发展水平提供了有效的途径。通过活动表现评价鼓励多样化的学习方式,促进学生的全面发展。

5.2.2.3　在纸笔测验中注重考核学生解决实际问题的能力

纸笔测验是常用的评价方式,应根据课程改革的需要作出相应的改进。考核的重点不要放在知识点的简单记忆和重现上,不应孤立地对基础知识和基本技能进行测试,而应放在分析和解决实际问题的背景中去评价,从知识的整体联系上去考核。

纸笔测验要设置有助于学生理解和应用知识的实际问题情境,在解决实际问题的过程中评价学生的能力。通过具有实际背景的、综合性和开放性问题的书面考核,既了解学生掌握有关知识、技能方法的程度,又体现了对学生解决实际问题能力的有效考核。对开放性、探究性的问题,应允许学生有较充裕的时间作答,可结合自我报告、小组讨论、学生互评与学生答辩的方式给予评价。在联系实际考核学生能力时,应根据内容标准控制试题的难易程度。

5.2.2.4　评价结果可以采用定性报告与等级记分相结合的方式

对学生学习评价结果的呈现可以是分数或等级,要及时反馈给学生,但不能根据分数排列名次。建议采用评语(或在写实性的记录基础上作分析性的描述)和等级结合的方式,充分肯定学生的进步和发展,帮助学生较全面地认识自己在群体中的相对水平,明确发展方向和需要克服的弱点。

5.2.3 《普通高中化学课程标准(实验)》对化学教学提出的评价建议

高中化学课程评价既要促进全体高中学生在科学素养各个方面的共同发展,又要有利于高中学生的个性发展。积极倡导评价目标多元化和评价方式的多样化,坚持终结性评价与过程性评价相结合、定性评价与定量评价相结合、学生自评互评与他人评价相结合,努力将评价贯穿于化学学习的全过程。

5.2.3.1 实施多样化评价促进学生全面发展

高中化学课程倡导评价方式的多样化,以促进学生在知识与技能、过程与方法、情感态度与价值观等方面的发展。这些评价方式主要包括纸笔测验、学习档案评价和活动表现评价等。

纸笔测验是一种重要而有效的评价方式。在高中教学中运用纸笔测验,重点应放在考查学生对化学基本概念、基本原理以及化学、技术与社会的相互关系的认识和理解上,而不宜放在对知识的记忆和重现上;应重视考查学生综合运用所学知识、技能和方法分析和解决问题的能力,而不单是强化解答习题的技能;应注意选择具有真实情境的综合性、开放性的问题,而不宜孤立地对基础知识和基本技能进行测试。

学习档案评价是促进学生发展的一种有效评价方式。应培养学生自主选择和收集学习档案内容的习惯,给他们表现自己学习进步的机会。学生在学习档案中可收录自己参加学习活动的重要资料,如实验设计方案、探究活动的过程记录、单元知识总结、疑难问题及其解答、有关的学习信息和资料、学习方法和策略的总结、自我评价和他人评价的结果等。教师应鼓励学生根据学习档案进行反省和自我评价,将学习档案评价与教学活动整合起来。

活动表现评价是一种值得倡导的评价方式。这种评价是在学生完成一系列任务(如实验、辩论、调查、设计等)的过程中进行的。它通过观察、记录和分析学生在各项学习活动中的表现,对学生的参与意识、合作精神、实验操作技能、探究能力、分析问题的思路、知识的理解和应用水平以及表达交流技能等进行评价。活动表现评价的对象可以是个人或团体,评价的内容既包括学生的活动过程又包括学生的活动结果。活动表现评价要有明确的评价目标,应体现综合性、实践性和开放性,力求在真实的活动情境和过程中对学生在知识与技能、过程与方法、情感态度与价值观等方面的进步与发展进行全面评价。

5.2.3.2　根据课程模块的特点选择有效的评价策略

高中化学课程需要多种评价方式和策略的相互配合,应充分考虑不同课程模块的具体特点,有针对性地选择合理有效的评价方式和评价策略。例如,对于必修课程模块,应综合使用纸笔测验、学习档案和活动表现等方式对学生进行评价。"化学与生活"课程模块的纸笔测验试题应提倡开放性、应用性,密切结合生活实际,考查学生对身边化学现象和生活中化学问题的分析能力。同时,提倡通过开展辩论、角色扮演、小型调查等活动对学生进行表现性评价。"实验化学"课程模块的学习评价应在实验过程中进行,从实验设计、实验过程、实验操作,实验报告、交流讨论、合作意识以及实验态度等方面予以考察。

5.2.3.3　实施学分管理,进行综合评定

高中化学课程设有 8 个课程模块,每个课程模块 2 学分。高中化学课程实行学分管理,学生要达到高中化学课程学习的毕业要求,必须完成必修课程模块化学 1、化学 2 和一个选修课程模块,即至少要修满 6 学分的化学课程。对化学有兴趣的学生,可以再选学若干个化学选修课程模块。

应根据学生在相应课程模块学习中的纸笔测验、学习档案记录和活动表现进行综合评定,以此决定学生是否获得相应课程模块的学分。

要建立目标多元、方式多样、注重过程的评价机制,全面反映学生的选课情况和学业发展过程。

5.3　描述统计在评价中的应用

5.3.1　教育统计学与描述统计

统计学是研究统计原理和统计方法的一门科学,它包括数理统计学和应用统计学两大分支。其中数理统计学主要是以概率论为基础,对统计原

理和方法给予数学证明,对统计数据的数量关系加以科学解释,它是数学的一个分支。应用统计学是数理统计原理和方法在各个领域中的应用,它与研究对象紧密相关,如应用到工业领域称为工业统计学,应用到医学领域称为医学统计学,应用到教育领域称为教育统计学。

教育统计学是研究如何收集、整理、分析由教育调查和教育实验所获得的数据资料,并以此为依据,进行科学推断,揭示教育现象所蕴含的客观规律的一门科学。它是教育管理和教育科学研究定量分析的重要工具,为教育管理和教育研究提供了一种科学方法。它有助于教育管理工作者提高管理水平,也有助于一线教师深入了解学生情况,分析教学效果,提高教育教学质量,提高科研能力。

教育统计学的主要内容有描述统计和推断统计两个部分。描述统计的目的是简缩数据和归纳数据,把数据按照特征分类,然后制成表格或绘成图形,使之成为易于理解的形式,并计算这些数据的特征量,以揭示这些数据在某方面的特征。描述统计的主要形式有统计图表和计算特征量这两种。

5.3.2 描述统计在教育评价中的应用

描述统计的特征量有集中量、差异量、相关量。集中量有平均数(算术平均数、加权平均数、几何平均数和调和平均数)、中位数、众数;差异量有全距、平均差、标准差和差异系数;相关量有相关关系、积差关系、等级相关、点二列相关等。这里主要介绍统计图表和教学评价中应用最多的几个特征量。

5.3.2.1 算数平均数

平均分数是用得最多的一种集中量数。所谓集中量数是指反映分数集中位置这个特征的数值(如平均数、中位数、众数等),它代表一批分数,反映一批分数的典型情况,因此常用它进行不同分数组之间的比较。

一组数值的总和除以数据的总频数所得的商称为算术平均数,简称平均数。

计算公式

$$\bar{x} = \frac{x_1 + x_2 + \cdots + x_i}{n}$$

式中,$\overline{x}$ 为算术平均数,x_i 为该组数值中的各个数值,n 为该组数据的总频数。

算数平均数是一种比较严密可靠、反应灵敏、稳定性高、易于理解而又计算方便的集中量数,因而它的应用最广,既适用于原始数据,又适用于分组数据的计算,但它受极端数值的影响较大。

5.3.2.2　方差与标准差

对于一批分数,除了要了解它的集中量数外,还应了解它的差异量数,即分数的分散程度或离散程度。差异量数的形式也有多种,方差和标准差是两个最重要的差异量数。

一组数据中,各数离均差的平方和的算术平均数称为这组数据的方差,又叫均方差或变异数。用符号 s^2 或 σ^2 表示。

方差的算术平方根称为标准差。常用符号 s 或 σ 表示。

$$\sigma = \sqrt{\frac{\sum_{i=1}^{n}(x_i - \overline{x})^2}{n}}$$

式中,$\overline{x}$ 为算术平均数,x_i 为该组数值中的各个数值,n 为该组数据的总频数。

标准差是反映全体考生分数之间的离散程度和差异情况。它与平均分一起使用,决定了某次考试分数分布情况。σ 值越大,表明这组数据的差异程度越大,分数分布越广;σ 值越小,表明这组数据越整齐,分布范围越小,也就是分数"集中在平均分附近"。

标准差具有反应灵敏、计算简单等优点,与其他差异量相比,是最科学、最完善、应用最为广泛的一个差异量。当描述一组数据的离散程度,集中量用算数平均数表示时,差异量要用标准差表示。

5.3.2.3　标准差的变异系数

标准差、方差虽然是反映一批数据离散程度最好的统计量数,但并不能直接用来比较两批数据的离散程度,尤其当两批数据的单位不同时,更不能用方差或标准差来直接比较;即使测量单位相同,但平均值不同时,仍然不能直接用方差或标准差进行比较。只能用标准差的变异系数——相对标准差来比较。

标准差的变异系数是一组数据的标准差与平均数的百分比,用 CV 表示。

$$CV = \frac{s}{\bar{x}} \times 100\%$$

5.3.2.4 标准分数

原始分数的 80 分和 40 分,从数字上看,80 分是 40 分的两倍。但 80 分所代表的知识量不一定是 40 分的两倍。又如,一个学生高考化学考了 62 分,英语考了 78 分,其总分为 140 分。但该次考试,全省的化学平均分只有 50 分,英语平均分有 85 分。可见该名考生的化学成绩虽然很低,但全省来看已经算高了,英语分数虽然较高,但从全省来看,在平均分之下,算不上好的。可见,不同的原始分数的每分之间通常并不是等值的。因此,简单地将学生的多门课程的原始分数进行加和,用以比较学生的成绩优劣是不合理的。采用标准分数可以克服原始分数的以上弊端。

标准分数是将原始分数与其平均数之差除以标准差所得的商。用符号 Z 表示,因而也称为 Z 分数。

其计算公式为

$$Z = \frac{x_i - \bar{x}}{s}$$

标准分数是以平均分 $\bar{x}$ 为绝对零点,以标准差 s 为一种等值的单位,每一分之间都是等值的,用标准分数 Z 可以衡量学生个体在群体中的相对地位。在教学或教学评估中,采用标准分数对学生进行评价,会更科学、合理。标准分数有以下特点:

①若 $Z < 0$,则原始分数小于平均分;若 $Z > 0$,则原始分数大于平均分;若 $Z = 0$,则原始分数等于平均分。

②标准分数的绝对值表示某一原始分数与平均分数的距离,绝对值越大,距离越远;反之,距离越近。

③标准分数的分布与原始分数的分布相同。如果原始分数的分布是正态或接近正态,则标准分数的分布范围在 $-3 \sim +3$。

④在原始分数的分布是正态或接近正态时,标准分数和百分等级分数有对应关系。如果知道某学生的 Z 分数,可以直接查正态分布表,计算出该生在群体中的位置,Z 值所对应的正态曲线下面积比例乘以 100,便是该分数的百分等级;如果已知百分等级,也可查正态分布表找到其对应的 Z 值。

5.4 化学课堂教学质量的分析评价

5.4.1 教师教学质量测量评价的目的和意义

教学质量测量评价是价值判断过程。教师教学质量测量评价的目的和意义是构建测量评价体系的思想基础。教师教学质量测量评价是学校整体教育教学质量测量评价的基本要素,是全面教育质量保证体系的重要构成基础。对教师教学质量测量评价的目的在于全面确切地了解、鉴别和促进提高教师的业务能力,增强质量意识,调动广大教师的积极性和创造性,实事求是地判定教师的教学效果,为教师的合理使用、进修培养、职称评定、津贴待遇等方面提供完整、可靠的依据;促进教师尽职尽责地进行教育教学工作,通过抓好教学工作质量来保证和提高人才培养质量。建立科学的教学质量测量评价指标体系,运用科学的评价技术和方法,对教师教学质量进行测量评价,可以有效地排除人际关系对测量评价的干扰,避免单纯以学生成绩来评价教师的教学效果的以点代面、以偏概全,对于促进良好教风的形成具有积极的现实意义和深远的发展意义。

5.4.2 教师教学质测量评价的基本原则

5.4.2.1 有效性原则

有效性是现代教育测量评价追求的一个重要指向,而测量评价的有效性在很大程度上取决于测量评价指标体系的有效性。在传统的教学质量测量评价指标体系中过多考虑的是数据的易取性和客观性,对有效性却考虑不足。事实上,测量评价的有效性才是测量评价的真正出发点和落脚点,离开了有效性,即使测量评价过程再客观,结果再准确,还是不能正确反映被测量评价对象的教学效果,仍然没有达到测量评价的目的。

5.4.2.2 导向性原则

即通过教学测量评价要让教师知道向哪个方面努力,朝哪个方向发展;

传递出什么样的水准是高水准,什么样的水平是高水平这样一个信息,帮助教师找到提高与完善的着眼点和切入点,并以此在学校内部建立起约束机制和激励机制,充分发挥教师的最大潜能,形成更好的教学氛围,促进教师不断改进教学方法,提高教学水平。

5.4.2.3 科学性原则

即测量评价的指标体系要有科学性,在指标体系制定中,既要有定量测量,也要有定性分析,避免主观随意性。要全面分析构成教学效果的诸因素,科学分配权重系数,以减少由于测量评价技术而造成的偏差。要以现代教育科学测量评价理论为支撑,符合教育教学规律和创新人才培养要求,符合学科知识阐发的逻辑关系要求。

5.4.2.4 全面性原则

即对教师的教学质量要进行全过程测量评价、全面性测量评价和全员性测量评价。全过程测量评价是以动态发展的观点对教师的教学工作进行全过程连续测量评价;全面性测量评价是对教师的治学态度、业务素质、工作能力、敬业精神和教学效果等进行全方位测量评价;全员性测量评价是指评价主体既要有教学管理部门,又要有专家、同行、同事和学生,这样才能从多层面、多角度实施全面的测量评价。

5.4.2.5 发展性原则

教学过程是师生思维互动的过程,教学质量的测量评价要面向教学全过程。教学过程不只是要讲清楚学科的基本概念、命题、规律,更重要的是渗透或明晰学科的思想方法和学科的研究方法,把学科教学过程变为科学发现过程;要反映研究过程的思维线索,体现研究过程的创造性和求实态度,体现研究过程的科学道德和人文精神。

5.4.2.6 可行性原则

即测量评价的指标体系要可行,用便于操作的语言加以定义,指标体系的内容可以通过直接测量获得明确结论。对于教学中的某些不可直接测量的因素,必须转化为若干具体、可以测量的指标,也就是说把抽象的测量评价目标具体化。既要有较强的区分度,不能使评价结果千人一面,又要有较强的可操作性,使测量评价过程简洁明快。

5.4.2.7　可比性原则

即测量评价要具有纵向(被测量评价客体与自己比较)和横向(与他人比较)两个自由度,在纵、横两个维度上都要有连续性和可比性,特别要注意不同客体、不同学科之间评价结果的区分与平衡,使测量评价具有广泛的公信力,最大限度地体现公平、公正、公开,测量评价的结果要具有可接受性。

5.4.3　教师教学质量测量评价的内容

客观恰当地选择测量评价内容不仅可以有效评价教学效果,而且可以为被测量评价客体反馈信息,使其利用这些信息,对原来的教学设计做出必要的、及时的调整,也可以使被测量评价群体之间相互借鉴,进而产生良好的激励效应。同时,为测量评价主体确定教师评优、职称晋级等提供依据,也可以为教学改革提供有价值的信息。然而,影响教学质量的因素很多,测量评价既不能面面俱到、不分主次,也不能以点代面、以偏概全。一般应包括以下几个方面的内容。

5.4.3.1　职业道德和专业修养情况

教师的职业性质决定了其既教书又育人的双重使命,良好的职业道德和专业修养是完成使命的必要前提。应着重对教师的爱岗敬业精神、严谨治学态度、课程驾驭能力、实践操作能力、语言表达能力以及和谐的人格魅力等进行测量评价。

5.4.3.2　贯彻执行课程标准情况

课程标准是对学科教学的宏观要求,是以"纲"的形式制定的教学指导文件,只有认真贯彻执行课程标准,才能使教师的教和学生的学达到规定的要求。因此,测量评价内容必须包括是否完成课程标准中规定的全部内容,并且达到课程标准要求的水准。

5.4.3.3　教学内容选择是否科学合理

应该承认,我国的教材建设是相对落后的,因此,学科教学如果只是照本宣科,就根本不可能紧跟学科发展前沿,甚至有相当一部分知识是"垃圾知识"。教学过程必须是教师对教材再度开发的过程,教师应该基于教材而不拘泥于教材。要测量评价教师能否能动地驾驭教材,并根据学生的实际发展水平特点,创造性地使用教材,科学钻研重点,合理拆分难点。同时,重视教学内容的文化内涵,体现科学性、人文性和社会性的融合。

5.4.3.4　教学设计是否合理

现代教育以人为本,强调通过学生的主动学习,促进学生个性的发展。学生的成长不仅取决于自身的主体意识和认知能力,还取决于教师的教学理念和教学设计以及对学生发展水平的了解程度。要测量评价教师能否用巧妙的设计和灵活的方法为学生提供主动参与学习、合作学习和自主学习的时间和空间,创设具有挑战性的形式和方法,营造能够激发学生学习兴趣和求知欲望的氛围,培养学生由学会知识提升为学会学习。

5.4.3.5　教学目标是否明确

教学目标是教学工作的出发点和目的指向,教学目标不是单一的,是由诸多子目标要素构成的目标集合。要测量评价教学目标确定是否全面、妥当、明确、具体,教师和学生的教学互动能否紧紧围绕教学目标进行,目标任务是否能够完成。

5.4.3.6　能否注重个性能力的培养

每个学生之间都存在个体差异,在传统教育理论看来,这些差异正是影响教学质量的主要原因。而现代教育理论则认为"差异"是产生创新与创造能力的基础。要测量评价教师是否理解和尊重学生的个体差异和发展权利,对学生个性差异的诱导和个性能力的培养有无创造性,是否做到因材施教,使每一位学生都在自己的最大发展潜能上获得成功。

5.4.3.7　学生是否得到和谐发展

传统的教学评价往往只注重培养目标的实现程度,而忽略了以人为本的和谐发展理念。而现代教学评价则既要把学生整体培养目标的实现程度作为测量评价的重要内容,更要将学生是否得到和谐发展作为核心内容纳入测量评价指标体系。既要通过学生基本知识的掌握和基本技能的形成来测量评价,也要通过学生个性能力发展和完美人格构建来测量评价。

5.4.4 化学课堂教学质评价体系的构建

化学课堂教学质量的分析评价就是化学教师在课堂教学结束后,根据化学课程标准和教学原则的要求,对化学课堂教学系统的诸方面及其预期效果给予价值上的判断,这对更好地完成化学教学任务和提高化学教学质量具有重要意义。

化学课堂教学质量分析评价的方式,根据参加课后分析评价主体的不同,可分为化学教师的自我分析评价和他人分析评价。他人分析评价又分为学生对教师教学的分析评价以及听课的同行或其他人员对教学的分析评价。教师的自我分析评价,是教师最经常采用的一种方式。因此,提高分析评价的质量是十分必要的。

化学课堂教学质量分析评价的基本要求及进行化学教学分析评价要注意以下几点:要坚持客观性;坚持一致性;要注意全面性;要有明确的目的性;要注意定性分析与定量分析相结合;注意静态评价与动态评价相结合;专项评价与整体评价相结合。此外,还应注意评价与指导相结合,注意提高课堂教学分析评价的质量。

5.4.4.1 化学课堂教学质量评价的基本指标

为了提高化学课堂教学质量,需要对课堂教学质量的评价确定出基本指标。对于这个问题,国内外不少教育工作者通过研究提出了一些评价教学质量的基本指标,很有启发。我们要结合我国中学化学教学的实际制定出本学科的评价基本指标,这在当前是一项很有意义的工作。

制定评价化学教师课堂教学质量的指标体系应适合我国化学教师队伍的现有水平,能被广大化学教师所接受。指标体系项目要详略适中,过于简单抽象,会降低标准应起的作用,太多太细又失之烦琐。怎样的评价指标才算适中,这也是一个需要不断探索和深入研究的问题。

5.4.4.2 化学课堂教学质量的数量化评价

在进行课堂教学分析评价时,要结合具体课时教学目标、内容、结构等多种情况综合考虑,从上述评价项目中选择相关的内容进行分析评价。在目前情况下,特别是对每一节课所进行的分析评价多属于定性分析评价范围。但是,在实际教学评价中如何确定各项指标的数量问题,是教学质量数量化研究的技术问题,需要根据每个学校师资水平的具体情况加以确定。

第6章　教学研究与教师
专业化发展

教学研究是教育教学改革的必然要求,亦是教师专业发展的必由之路,是教师必备的基本素质。我国著名教育家顾明远先生认为,教师只有不断开展研究,才能逐步认识并掌握教育教学规律,提升教学水平,从而最终提高教育教学质量。对于化学学科而言,开展化学教学研究是化学教师从传统的授课型教师转变为专家型、研究型教师的必要途径,是适应新课程改革、提升化学教学水平的必然选择。

新课程改革背景下的化学教师的角色已经不再是传统的知识传授者,而是集学生学习的促进者、化学课程的开发者、化学教育教学的研究者于一身的教学专家。对于化学教师而言,深入地进行化学教学研究,是新课程改革的要求,是新课程改革视野下完善教学的必经之路。

6.1　教学研究与化学教学研究

6.1.1　教学研究的目的和意义

教学研究方法是教育科研工作者十分关注的一个领域。所谓教学研究是指人们自觉地采用科学的方法对教育问题进行观测、分析和了解,从而发现教育现象之间本质联系与规律的认识过程。

教学研究的主要目的是探索隐藏在教育问题背后的本质联系和规律。比如,在实际的课堂教学活动中,人们观察到,在其他条件同等的情况下,同一个教师采取一种教学方式比采取另外一种教学方式更能促进和提高学生的学习效果,在这种教育现象的背后肯定存在着不以人的意志为转移的客观规律。

6.1.2　教学研究的一般方法

6.1.2.1　教学研究方法体系

教学研究应该与当前教育科学的特点、规律以及教育理论的体系结构联系起来,从而形成教学研究方法的理论,即方法论。正确的、科学的方法,应当与现实事物本身固有的规律相一致。认识现实的方式、方法只有反映现实本身的客观规律时,才是正确的和科学的。开展教学研究首先要选择准确的研究对象和概念范畴,其次研究内容要能反映和揭示化学学科领域的基本规律,从而建立起对这些规律进行系统表述的理论体系,要采用科学有效的研究方法。

开展教学研究首先要在实践中发现和积累感性认识,对感性认识进行科学概括和哲学抽象,然后对理性认识进行系统化的加工,形成相应理论并应用理论指导实践。教学研究方法体系应由哲学方法论、一般科学方法论和具体学科方法三个层次构成。教学研究方法论的最高层次是马克思主义哲学,它在教学研究过程中作为最一般的理论工具而发挥着方法论的指导作用。马克思主义哲学为教学研究提供科学的思维方法。从总体上揭示事物发展的最一般规律,帮助我们从复杂而混乱的科学探索中看准方向,抓住前沿本质课题,进行有成效的科学研究,哲学方法论层次属于世界观层次,它使我们对所观察到的教育现象进行归纳、演绎时,沿着正确的途径达到科学的抽象。一般科学方法论是根据逻辑学进行分类:归纳法从个别到一般;演绎法从一般到个别;类比法从个别到个别或从一般到一般。在运用一般科学方法指导教学研究的时候,采用定性与定量相结合、以定性为主的综合描述的方法。

6.1.2.2　系统方法论

(1)系统方法论的综合方法。

随着现代科学技术的发展,产生了信息论、控制论、系统论等统称为"系统科学"的理论和方法,这种新的系统科学的方法论为教学研究开辟了一个新的研究方向。系统方法作为一种综合方法,强调整体性、综合性观点,注重从整体上研究事物的结构、层次、过程、关系和信息反馈等。依据系统方法论进行科学研究时,首先要把事物看成是一个由若干相互联系、相互依存、相互作用的要素组成的具有特定功能和运动规律的整体系统,而不是各部分的简单组合。只有从系统内的部分与部分之间以及系统与环境之间的相互联系、相互作用中进行整体性考察,才能科学地把握事物。系统方法论中的系统是按一定的层次结构组成的复杂的等级系统,不同结构具有不同的功能,组成系统的整体具有新的质的特征,它不等于各组成部分的总和。也就是说,系统内各要素的局部优化,不等于系统整体的优化,整体功能的大小取决于组成系统的结构是否合理。因此,在研究整体结构时,要力图利用系统整体中各成分相互联系、相互作用所提供的"附加量"来发挥和提高整体功能,避免用孤立、片面、静止的观点和方法来研究教育。

（2）系统方法论的结构方法。

结构方法主要有两个方面:一个方面是指导人们对教育领域内原有的不合理的系统结构进行调整改革,另一方面为我们提供研究的思维方式,后者则更为重要。比如对教学模式的研究。

以往教学论的研究方法是基于把教学过程的结构看成静态的教师教＋学生学的直线过程,是教师讲＋学生听的单向线性结构模式。强调以教师为中心,主要研究教师怎么教好的问题,是一种强调教师的讲授为主的流派;另一派则强调学生的学习活动为主,以儿童为中心,主要研究学生学什么和怎么学的问题。两种流派都有一定道理,但各持一端,也就不可能科学揭示教学模式形成、发展的规律。如果运用结构方法,用综合的、动态的观点,通过分析构成教学模式的基本因素——教学目标结构(如知识与技能,过程与方法,情感、态度与价值观),知识结构,能力结构,学生认知结构及其关系来研究教学模式。把教学过程模式看成综合的、动态的、多因素的立体网络结构,不同的教学目的、不同的知识结构、不同年龄学生的不同的认知结构构成了不同的教学结构。符合 21 世纪初我国的课程理念对人才培养的要求。

（3）系统方法论的信息方法。

信息方法,是探索认识主体和认识客体之间的信息交换过程,探讨认识主体对关于客体的信息的获取、加工、传输、储存的方式方法问题。按照信息论观点和方法研究教学过程,就是把教学过程作为信息传递和信息转换的过程。即从信息的获取、加工、传输和储存、使用过程来研究教学过程的运动规律,通过对信息流程的分析和处理来达到对教学过程的优化控制。

采用信息论的观点和方法研究教学时,把一堂课中包含的知识、能力要求、学生的思维品质等综合为一个整体的"信息源",从信息流程进行综合考察,从整体上把握教学过程的基本特点。根据信息输入和输出的关系来研究教学过程中学生的认识机制,推断学生思维过程和思维方法(即信息的加工处理)、记忆(信息的储存)的过程,将教学过程作为可控的信息流通过程,根据反馈信息,不断调节教学进程,从而对教学过程实行有效控制。

6.1.3　化学教学研究的范畴

教学研究的内容,有针对教学中出现的各种问题的专题研究,也有针对教学模式的研究。对教学模式的研究主要有对探究教学模式的研究、对问题解决教学模式的研究、对合作学习教学模式的研究、对自主学习模式的研究。专题研究有对教学设计的研究、对教学评价的研究、对作业评价的研究、对教材评价的研究等。

6.1.3.1　对教学模式的研究

(1)对探究教学模式的研究。

探究教学模式的研究中,主要围绕着目前探究教学存在的问题、探究学习的策略以及随着中学探究式教学的开展,教师发现自己工作中目前面临的各种问题的研究。有些教师在做教学研究时由于对探究教学的含义理解不够透彻、对新理念下教学模式的认识和准备不足。会出现这样一些问题,比如:探究的内容选择不当、创设的学习情境与内容联系不紧和提出的问题、难度把握不好、在探究教学中没有真实体现学生的主体性、机械照搬探究步骤,没能抓住探究教学的本质、过于强调探究过程而忽视了知识的整体性和知识的应用等。当前的探究教学大多是"贴标签"式的,缺乏真实性和实效性,参与的学生不多,探究的问题没有深度。开展探究教学研究时创设情境要有利于学生"动脑想",即引导学生掌握自然规律的探究方法,重点在培养学生做实验过程中化学思维能力的培养,促进学生思维的发展;要体现学科特点,加强学生"动手做"即做实验的过程中要边做边思考;探究过程还要注重学生"动口说",即培养学生科学表达和交流的能力。

设计探究性教学研究的题目和开展研究计划时要考虑以下因素:创设问题载体、树立情境意识;注重全程体验、树立过程意识;激发学生潜能、树立创新意识;营造和谐氛围、树立主体意识;培养探究兴趣、树立发展思维意识。探究性学习着眼于培养自主学习的信心、习惯的养成、能力的提升。意味着已有的知识技能可以成为学生持续发展的基础和养分,创新意识可以成为实践的动力,持续地学习和探究成为最大的乐趣。

(2)对问题解决教学模式的研究。

解决教学模式的研究,要围绕中学问题解决的现状和提升问题解决能力的策略而展开。化学问题解决中元认知能力的高低是影响学生化学学习成绩的因素之一,学优生、中等生和学困生在化学问题解决中的元认知能力差异非常显著。因此,如何提高学困生的元认知内容能力就是一个很有价值的研究课题。还有一些值得研究的题目,比如,在化学问题解决成功归因的研究;针对当前中学生问题意识不强的现象,可以研究"提出有效的化学问题的研究"。研究指导学生善于提出问题的有效措施。

(3)对合作学习教学模式的研究。

21世纪初我国的初中化学课程的核心理念之一是转变学生的学习方式,合作学习是化学课程倡导的三种基本学习方式之一。随着课程改革的推进,小组合作学习已经成为教师指导学生自主学习、探究问题的一种重要策略。因此,探索合作学习有效性策略是当前教育教学研究的热点问题之一。

由于有些教师在合作学习认识上的偏差或理论程度不高,导致了教师在实施小组合作性学习的研究过程出现"形式主义"的倾向;有些教师在实施的过程中,目标不明确、学生分工不落实,导致合作学习变成"杂乱无章"。还有教师指导不力、合作时间不足、组织方法单一、交流随意、评价不全等问题,影响了教学质量和学生素质的提高,因此很有必要针对以上问题,开展研究,探索优化合作学习模式的有效措施和策略。

合作学习教学模式中出现的一些问题可以成为研究的题目,比如,合作学习任务的研究、小组成员分工与分工小组成员发展机会的研究、合作学习时间分配、合作学习规则的制定、合作学习组织策略、合作学习的成果交流、学习效果评价的研究等。

教师在开展合作学习研究时,要注意把握关键问题,比如,师生互动是合作探究学习成功的关键;生生互动是合作探究学习成功的保证。选择适当的、有价值的问题是教师组织小组合作学习的关键,另外,教师也需要提供对小组合作学习技巧的指导,教师本身要积极参与到小组活动中并及时对学生的表现做出反馈,教师还可以采用多元智能理论进行教学活动设计,将研究性学习内容引入小组合作学习中。

(4)对自主学习模式的研究。

自主学习有利于提高学生自学能力、学习化学的兴趣增强、各科目得到均衡发展,因此也成为当前中学教学的一种模式。从学习行为分析,自主性包括责任心、主动性和主见性。

教师可以围绕着中学化学自主学习的现状和培养学生自主学习的途径开展研究,具体可以针对当前自主学习过程中出现的一些问题,比如,有些学生的化学自主学习能力不强,对老师的依赖性较大,自主学习的意识不强、对化学学习的目的不太明确、动手做实验的兴趣不强等问题,教师可以结合自己的兴趣、特长和自己所教学生在自主学习方面的薄弱环节,研究提高学生的自主学习能力。

　　教师在开展研究时要注意把握自主学习的关键问题，比如，培养学生学会质疑——对权威资料的质疑，对高考试题、中考试题的质疑，对书中概念的质疑。质疑精神也是培养学生科学精神的一部分。通过质疑，调动了学生在学习过程中主动思考、课堂上积极发表意见、积极动手做实验验证自己的想法等，可以提高自主学习的积极性，有助于改变学生被动的学习，有利于学生获得成功的体验。

6.1.3.2　专题研究

　　(1)对教学设计的研究。

　　有关教学设计的研究范围一般有教学设计理论研究、课堂教学设计、实验教学设计、信息化教学设计、教学设计评价等，教师可以根据自己的特长、结合学生的特点从中选择自己的研究课题。教学设计理论研究主要是有关教学设计的一些理论研究，如有关如何进行教学设计等，要有理论论述和案例举例说明；课堂教学设计主要是理论课堂教学设计的一些教案，教学实录等；实验教学设计主要是研究实验、课堂教学设计及一些实验的创新设计；信息化教学设计主要是运用现代信息技术为主要教具进行的教学设计；其他方面主要包括一些研究性学习活动方案及综合实践活动方案的设计等。

　　(2)对教学评价的研究。

　　当前对教学评价的研究发展趋势是由传统的测量转向对学生及其发展过程的评定的研究，对评价方式的研究也由单一的纸笔测验发展为多样化的评价的研究。

　　教学评价研究的主要领域有：

　　①基于建构性学习活动的化学学习评定策略研究。

　　建构主义的评价观及基于建构性学习活动的化学学习评定策略的研究范围有研究表现评定、项目评定、作业评定和日志评定等。

　　②从"个性心理倾向"的视角出发研究。

　　从"个性心理倾向"的视角出发研究范围有：对学生在评价中表现出来的需要倾向、动机倾向、兴趣倾向和价值倾向等进行调查研究。

　　(3)对作业评价的研究。

　　对作业评价的研究可以着眼于作业中如何充分体现培养学生人文、创新精神和实践能力等综合素质，也可以研究传统的化学作业中存在的问题、如何设计有效作业、如何优化作业设计和布置，提高作业质量、如何改进作业批改，提高反馈矫正和评价有效性等。研究新课程标准下化学作业如何设计具有开放性、探究性、趣味性、人文性和反思性、研究如何设计有差异性作业、开放性作业、探究性作业、实践性作业等。除了以上内容,还可以研究农村初中化学学习评价、关注学生学习态度的课堂评价研究、关注学生学习过程的作业评价、关注学生学习方法的纸笔评价研究等。

(4)对教材评价的研究。

对教材评价的研究包括国内不同版本教材的研究、新旧教材的对比研究、国外教材的研究及国内外教材的对比研究等。对教材的研究范围有:对教材某方面特点的研究,教材中涉及对学生科学方法的培养、能力的培养、兴趣的培养、合作精神的培养内容的研究、教材中学以致用、STS教育、化学与其他学科的联系、教材重视学科结构的完整性和科学性等方面的研究等。

6.2　初中化学教学研究的过程和主要方法

6.2.1　初中化学教学研究的过程

教学研究通常有三个基本要素,即客观事实、科学理论与方法技术。教学研究虽然与自然科学研究在过程上存在较大差异,但也有一些共同之处。一个具体课题的完成,包含一系列的环节。教学研究的一般程序包括:课题的选择与确立、文献检索与分析、研究方案的设计与实施、研究资料的分析与整理。

6.2.1.1　课题的选择与确立

教学研究的选题决定了教学研究的方向,是教学研究的起点。选题体现了化学教育工作者或研究者的科研水平,决定了研究价值的大小。一般而言,化学教学研究的课题主要来自两个方面:一是化学教学实践中亟待解决的问题,二是化学教学理论体系中的问题。对于刚开始进行化学教学研究的教师来说,由于理论素养需要进一步提升,往往倾向于选择化学教学实践中需要解决的问题为研究课题;当经验有所积累,理论水平进一步提高时,以化学教学理论体系中的问题作为研究课题才能做到游刃有余。

选择课题是开展研究和写论文的第一步,也是极为重要和难度较大的一步。选择课题就是提出问题,它和论文的标题有联系但不完全相同。选择课题是确定研究的方向和问题,标题是论文所用的题目,是研究成果的集中反映和高度概括,选择课题时要根据自己熟悉的内容,选择某一个方面进行研究,同时应了解前人对此选题的研究情况,要有所创新。课题来源可以来自教学实践,也可以来源于文献。

(1)课题选择的原则与策略。

一个好的研究课题应具备的特点也是化学教学研究在选题时的一个标准,概括而言主要有如下几个方面:

①价值性原则。

价值性原则即一个好的教学研究课题应当具有一定的理论价值或实践价值,且能够有进一步探究的空间。化学教学研究有利于更好地进行化学教学、解决当前化学教学实际或理论中遇到的问题,其目的是为更好地认识教育现象,深化化学教学改革,提升化学教学质量,促进化学教学实践。一个课题必须承载一定的功能与价值才有进行研究的意义,否则就不能在教育实践中发挥作用,也不能被学界、社会所承认,是物力、人力、财力的浪费。

相应课题选择的策略:选题宜高不宜低。

教师在进行化学教学研究时,或隅于自己目前的情况,或隅于现有的研究条件,对于一些教学问题,很难提出具体的解决方案。但是这不应成为降低选题标准的理由。只有选择有价值的课题,才能提高进行化学教学研究的定位、保证教学研究的科学性,才能使研究更有意义。为科研而科研或为任务而科研的态度是不可取的。

②现实性原则。

现实性原则即选择的课题要具有科学的指导思想、明确的目的以及充实合理的立论依据。化学教学研究的选题必须有一定的事实依据,有其实践性基础,不可主观臆断。同时,化学教学研究的选题还应该以教育科学基本原理为依据,不可无根据地设置。作为对化学学科教学进行研究的题目,选题还必须尊重化学基本理论、化学学科的基本事实以及化学研究的基本方法与过程。即使在教育学或课程论中可行,但脱离了化学的学科背景,违背了化学学科的本质与发展规律,这样的课题仍然不符合化学教学研究选题的现实性原则。

相应课题选择的策略:内容宜熟不宜生。

为化学教学研究选择课题时,应尽量选择自己比较熟悉的领域。对教学的研究主要不在于知识的广度,而在于知识的深度。选择熟悉的领域,有利于选择相应的教育学基本原理作为支撑依据,也具备实践性基础或现场条件,能够加深对学科的认识与理解。另外,对于部分初中教师而言,虽然教学经验丰富,但理论知识相对匮乏,因此从化学教学实践中选择课题,能避免纯理论命题的纠缠,更具现实性。

③准确性原则。

准确性原则即选择的研究课题一定要具体化,范围集中,不可太过笼统。进行化学教学研究,选题必须紧紧围绕该领域中的某一个具体问题进行,切忌大而空。正如前面所说,教学研究的水平,不仅仅体现在研究的广度上,更体现在研究的深度上。只有将研究课题具体化、集中化,才能够深入地对课题进行分析、阐释与总结,才能够真正言之有物,而非浅尝辄止。

相应课题选择的策略:选题范围宜集中,忌宽泛。

对于初中教师而言,根据教学实践的具体问题来选题不失为保证选题准确性的一个好方法。如有的教师选择"通过课堂观察法比较优等生和中等生的化学课堂学习行为——以弱电解质为例"作为研究课题,这个课题比较具体,有利于作者表达自己的观点,提出见解,并对症下药地解决问题。相反,如果选择"论新课程改革""初中生化学学习评价""初中生化学探究能力的培养"等过大的课题。那就很难抓住重点进行阐述,不容易全面把握,易使教学研究流于形式而失去研究的意义。

④创新性原则。

创新性原则即选定的课题应是前人未曾解决或尚未完全解决的问题,通过研究能有所创新,即提出新见解或从新的视角对前人研究过的问题重新阐释,具有鲜明的时代感。无论何种研究,如果不善于思考,不能提出自己的观点,而只是重复前人的工作,即所谓的"换汤不换药",都是一种资源的浪费,不能称之为研究。

相应课题选择的策略:选题新颖,忌陈旧。

⑤可行性原则。

可行性原则即课题是可以被研究的,存在研究的现实可能性,既要考虑资料、时间、经费、团队等客观条件,还要考虑研究者本人的学科知识基础、教育理论水平、教学经验、研究经验、研究兴趣等多方面的主观条件。可行性原则考量了研究者对自己已经具备的条件、通过努力可以获得条件的评估以及对工作基础的认识和对研究成果的预估。

相应课题选择的策略:脚踏实地,扬长避短。

(2)课题选择的范畴。

化学教学研究的课题一般分为两种类型:一是基础性研究课题,主要包括研究化学教学现象及教学过程的基本规律、探索新的化学教育领域等课题;二是应用型研究课题,以修正或直接改变化学教学现象或过程为目的。总的来说,化学教学研究与普通教育研究有相似之处,但又有着其独特的研究范畴,一般包括如下方面:

①化学教学思想研究；

②化学教学目标研究；

③化学课程与教材研究；

④化学学习活动研究；

⑤化学教学方法与策略研究；

⑥化学教育测量与评价研究；

⑦化学实验教学研究；

⑧化学教师教育研究；

⑨化学奥林匹克竞赛研究；

⑩世界、中国化学教育史研究。

随着新课程改革的推进，化学史、化学教学信息化、STS等领域都进入化学教学研究的范畴。

有些不好的题目太大，太空泛，比如：优化实验教学、培养综合能力、学生学习兴趣的培养与研究。而好的题目能突出创新点，比如对美国化学教材中批判性思维培养的思考，突出研究批判性思维；空间想象能力对高中化学物质结构知识学习的影响，则主题凝练在空间想象能力的研究上。

选好教育研究的课题是论文写作成功的关键。要从事实材料出发，为教育改革与教育发展服务，不要热衷从定义出发，与教育教学实践相脱节。那种从概念出发的理论研究没有生命力，离开了活生生的教育实践，理论研究只能是无源之水，无本之木。

6.2.1.2　文献检索与分析

文献是指用文字、图形、符号、声音、影像等手段记录下来的一切资料。实际上，文献的检索与分析贯穿于所有科学研究的始终。在化学教学研究的过程中，对于化学教育教学理论和化学史、化学教育史的研究，在课题选择与确立阶段，文献的检索与分析是不可或缺的。

在化学教学研究中，通过文献的查阅，可以知晓前人对该课题的研究历史与研究趋势，或者明确该课题的意义与高度；通过对前人研究的分析，可以找出该课题历史研究中的不足与缺口，更准确地抓住科研课题的创新点，或找出新的研究角度，提升研究的新意。如纵向、横向比较文献中曾经用过的研究方法，并结合自身的条件，选择适合自己的研究方法、制订合理的研究方案。同时，在获得初步研究资料后，也往往要参考文献中已有的分析方法、分析角度，提出自己的新观点。

总之，文献检索与分析对于化学教学研究而言至关重要，不可或缺。它主要分为三个阶段：准备阶段、搜索与查找阶段、分析与整理阶段。

（1）准备阶段。

在进行文献搜索之前，需要对待搜索的内容进行梳理整合，力求使搜索过程高效快速、有的放矢。同时，还需要明确自己研究中所用文献的主要来源。

目前，在初中化学教学研究中，文献来源一般为图书、期刊、报告、标准、论文集以及优质课与公开课视频等。由于受出版时间的限制，虽然从书籍中获得的信息一般较为经典，但时效性较差。标准作为国家公开发布的准则，具有极强的权威性，可以作为研究的依据，但是相对较为程式化，不够具体。期刊、论文集、报告等形式的文献时效性强，如果需要了解最新的研究进展，这几类文献是很好的选择，但由于期刊、论文集、报告往往鼓励百家争鸣、各抒己见，因此对于此类文献中的观点需要甄别。对于工作于教学一线的教师而言，优质课、公开课的视频资料也是进行教学研究的重要文献来源。

（2）搜索与查找阶段。

要进行文献的搜索、查找，必须明确文献的几种类型，因为对于不同类型的文献有不同的搜索渠道与查找方法。按照文献的内容性质，可以分为一级文献、二级文献和三级文献。一级文献即原始文献，如各年度的期刊论文、报纸文章、会议论文集等；二级文献是指对一级文献进行整理，然后将其有系统地组织起来的文献，如索引、文摘等；三级文献是指在二级文献的基础上将一级文献内容进一步梳理而形成的文献形式，如综述、评述、数据手册等都属于三级文献。目前这三级文献的搜索都可以借助各种文献数据库完成，也可以直接到相关网站查询。

中国知网、中国期刊网、维普期刊网、万方数据库等都是较为权威的文献储存数据库，这类数据库中的文献科学性、参考价值较高，但一般需要付费购买才可以下载全文。在公共网络上，一般可以查询到标题、作者、中英文摘要及引用或他引文献（有的数据库还给出相似文献或同作者文献）。以中国知网为例，该数据库设置了"一般检索""专业检索""高级检索""期刊检索""基金检索"等几个栏目，数据库使用者可以根据需求选择。以"一般检索"为例，可以选择关键词、作者、主题、标题、ISBN 号等多项内容进行检索。另外，如果认为检索结果内容过多，不够具体，还可以在已经搜索出的结果中再设置搜索条件进行二次检索，进一步缩小检索范围。

（3）分析与整理。

文献的分析与整理过程也是对文献进行初加工即对文献进行甄别、筛选、阅读的过程。信息化时代的到来，大大提高了教学研究可获取的信息量，同时也为信息的甄别与筛选增加了难度。在化学教学研究中，应当杜绝文献的二次转引,因此在对文献进行分析与鉴别的过程中,除了要将错误的、不符合客观事实与科学原理的文献删除外,还需要找出所选用的文献的原始出处,并对原始文献进行研究。对筛选过的文献应先进行粗读,通常只阅读文献标题与摘要即可,并据此对文献进行大致分类。做好文献的分析与整理工作,将为下一步研究方案的制订与设计提供极大便利,对研究结果的分析以及研究论文的撰写也不无裨益。

6.2.1.3　研究方案的设计与实施

研究方案的设计与实施与研究资料的收集、分析与整理是化学教学研究的主体。而研究方案的设计与实施作为教学研究的实践过程,其质量高低与课题研究的成败密切相关。

研究方案的设计与实施过程一般分为三个阶段:一是形成研究构想,二是设计研究方案,三是实施研究方案。

(1)形成研究构想。

在设计研究方案之前,必须对课题有清晰的研究构想即假设。假设是根据一定的科学知识和科学事实对所研究问题的规律或原因作出的一种推测性论断和假定性解释,是进行研究之前预先设想的、暂定的结论。对所研究课题作出的初步的、尚需验证的解释都属于假设。

(2)设计研究方案。

在形成研究构想,明确研究目的之后,需要设计周详合理的研究计划或研究方案,作为实施研究时的参照。拟订步骤清晰、轻重缓急合理的研究方案对整个研究而言至关重要。对化学教学研究而言,研究方案一般包括如下几项内容:

①再次阐明研究的意义与目的。

②介绍研究的范围,包括涉及的学科领域、研究对象、研究内容、已有工作基础、文献资料检索情况、数据来源等。

③详细说明采用的研究方法,如果同时采用多种研究方法,需分别说明哪一步研究或者哪个内容的研究使用了何种研究方法等。

④具体说明研究的步骤与时间安排。研究的安排计划得越详细,在后续研究中越有据可依,但需注意在安排研究步骤与时间时要留有一定的余地。

⑤研究人员与合作单位。在此部分中需要明确研究人员的具体分工以及不同合作单位应承担的任务。

⑥经费使用进度与仪器情况。

⑦预期研究成果。

(3)实施研究方案。

研究方案的实施是整个研究过程的主体,是研究者依照既定方案,采用不同研究方法在化学教学实践活动中实施研究的活动。它包括获取资料与数据处理、资料分析两个阶段。

在第一个阶段,需要依照研究方案。采用既定的研究方法尽可能全面细致地收集课题研究所需的资料。

在获取研究所需资料之后进入第二个阶段,即数据处理与资料分析阶段。化学教学研究经常涉及实证研究,如各种访谈、问卷调查、课堂观察等,有大量的文字、影音、数据资料需要处理,因此在此阶段,需要先将影音资料转化为书面文字,将访谈、问卷结果转换为可统计的结果,然后列出相关数据,剔除无效或虚假数据,找出关键或具有代表性的数据,简单分析后得出初步结论。

6.2.1.4 研究资料的分析与整理

在研究方案实施阶段收集到的资料往往还是比较具体的事实或数据,虽然上一阶段的研究已经对其进行过一定分析,但仍很难透过这些资料直接看出研究课题的本质,这就需要对获取的资料进行进一步的分析与整理,更深刻地揭示研究课题的本质,总结出教育教学规律。

对化学教学研究而言,资料分析的类型一般有定性分析与定量分析两种。定性分析一般指采用逻辑方法对研究所得的数据资料进行整理与质性分析,从而发现规律的分析方式。一般常用的逻辑方法包括比较、归纳、演绎、综合等。这种分析方法更关注研究结果的归类、研究背景与研究结果的关系以及影响研究结果的因素等方面,因此更适于过程与发展的研究。随着教学研究信息化的发展,在定性研究方面也出现了相关辅助软件,大大简化了定性分析的步骤,提高了分析效率。但由于软件的机械性,只有将定性分析软件与人工逻辑分析结合起来,才能保证分析结果的准确性。

定量分析以数学与统计学为基础,在管理学等社会科学中应用范围甚广,在教学研究领域中的应用也越来越多。作为化学教学研究者,不需要对定量分析的统计原理有精深的理解,但需要知道不同种类样本所对应的检验方法,并会使用常用的分析统计软件。目前常用的统计分析软件有 SAS(Statistical Analysis System)、SPSS(Statistical Package of Social Science)等。

在对收集到的资料、数据进行全面的定性、定量分析之后,梳理、整合关键信息,由现象到本质地进行加工、概括,总结出教育教学规律,得出最终结论,并将结论应用到教学实践中进行验证与评价,即为研究资料的整理过程。

6.2.2　初中化学教学研究的主要方法

化学教学研究有多种研究方法,如文献法、观察法、调查法、实验法、比较法、行动研究法等。鉴于化学教学研究的特点,本书重点介绍观察法、调查法以及实验法。

6.2.2.1　观察法

观察是知觉的一种形式,是对客观对象有目的、有计划、比较持久的主动知觉的过程。化学研究中的观察是从课题研究的需要出发,对处于自然条件下的客观事物进行系统的观察。观察是直接获取生动的感性材料的基本途径之一。首先要明确观察的目的,确定观察的对象,按照事物的本来面目去观察,不带个人的偏见和意愿。要有实事求是的工作态度,保证观察所获取资料的真实可靠性。观察是一项精确细致的活动,采用科学的观察方法,注意力高度集中,密切注意客观对象的一切细微的差异和变化,不能忽略细节,边观察,边思考,善于抓住特征性的东西,能够透过现象看本质。

在观察的过程中,通常用到的记录方法有叙述性描述法、频数表记录法、等级量表记录法、音像记录法等。

6.2.2.2　调查法

调查法是研究者为了深入了解教育教学实际情况,以发现教学中存在的问题、探索教育教学规律而采用的一种研究方法。对于化学教学研究而言,调查法通常包括访谈、调查问卷、个案研究以及测验等科学方法,旨在有目的、有计划地收集研究资料,通过质性或量化分析,明确教学中存在的问题并提出解决方案,进一步揭示化学教育教学现象的本质与规律。

访谈法是一种口头调查法,即研究者通过与调查对象交谈,提出有目的、有针对性的问题,从而收集信息的方法。在正式访谈之前,研究者需要详细了解被调查者的个体情况,明确访谈的目的与内容,制订详尽的访谈提纲。同时,进行访谈时,应使被调查者处于自然状态。访谈可以是一对一的个别访谈,也可以是多人同时进行的团体访谈,如座谈会。

问卷法是一种书面调查方法。研究者根据调查内容编制题目或者表格,让被调查者填答,从而了解被调查者对某一问题或现象的看法和意见。

调查法一般分为四个步骤:

一是制订调查方案,即根据研究的需要,选择适当的调查形式,确定调查对象与范围,制订调查提纲或问卷,安排时间进度、人员分工等。

二是实施调查方案,这是调查法的主要环节。根据具体调查内容的不同,可以针对单一对象以时间为线索进行调查,也可以在同一时间内对多个对象进行调查。调查过程中,应根据具体情况以及被调查者的现状灵活调整具体的调查方法或进度,务必保证收集到的资料的真实、客观、典型、全面、系统。

三是整理调查资料。用调查法收集来的资料比较繁杂,只有进行整理、统计,使之更加系统化,才能从中找出规律,达到调查研究的目的。用调查法收集到的资料一般分为两类:叙述性资料与数量化资料。访谈等调查法一般获得前者,而问卷法一般获得后者。对于叙述性材料一般采用质性分析的方法,可以借助 QSR Nvivo 等质性分析工具加以分析;而数量化材料则一般借助 SAS、SPSS 等软件通过数据统计,用表格、图示等加以整理、汇总。

四是撰写调查报告,即在系统整理调查资料的基础上,分析所用调查方法的优缺点、有效性,给出原因并加以解释,最终找出本质规律或存在的问题,拟订解决方案,并形成书面结果,即调查报告。

6.2.2.3 实验法

实验法是研究者根据一定的研究目的,如为了解决某一教学问题,依据一定的教育理论或设想,通过组织有计划的研究,人为地控制条件以研究问题的发生、发展过程,并及时记录相关信息,然后比较分析,从而得出有关实验因子与实验结果之间关系的科学结论的一种研究方法。实验法的特点是能适当控制研究的条件,排除或最大限度减少无关因素的干扰,突出待研究的实验因子,从而更为准确地探索事物间的因果关系。

实验法可分为多种类型。以自变量因素划分,可分为单因素实验与多因素实验;按实验组织形式划分,可分为单组实验、等组实验与轮组实验;按实验具体操作方式划分,可分为定性实验与定量实验;以实验进行场所来分,可分为实验室实验与现场实验(亦称自然实验)。对于化学教学研究而言,一般采用自然实验。自然实验是指在自然教育状态下施加一定的教育影响,用于探索和检验不同的化学教材、教学方法、教学策略等的教育教学实验。

化学教育教学实验具体的步骤可分为五个步骤,包括:提出假设、设计研究方案与实验对象分组(分为实验组、对照组)、对实验组施加实验影响(即实验因子、自变量)、实验后对因变量(实验对象)进行测试并收集信息、总结并评价实验假设。

在进行化学教育教学实验研究时,必须事先将抽象的实验内容明确化、具体化,使之变为可操作的具体行为;在实验过程中需要对多个因素进行全面的变量分析,要尽可能对无关变量加以控制,以减小其对实验结果的影响;在实验的测量环节中所使用的测量工具应具有一定的针对性。另外,对实验过程中获得的资料、数据要及时进行整理统计,以便更好地调整、优化实验。

6.3　初中化学教学研究成果的表达

化学教学研究成果的表达即在化学教学研究结束后,教育工作者或研究者对其研究背景、研究目的、研究思路、研究内容及研究成果进行书面整理、总结与表达,形成研究报告、研究论文或研究专利等的过程。研究成果的表达是化学教学研究中教育工作者或研究者的研究成果的再体现,是对全部研究过程的总结与升华。科学地表达教学研究成果、根据交流的需要合理地呈现教学研究成果,是教育科学研究的要求,也是研究者研究和学术能力的体现。

6.3.1　化学教学研究论文的写作

6.3.1.1　论文写作的步骤

(1)构思。

构思是对自己想要阐明的观点、如何用支撑材料阐明观点的逻辑顺序和逻辑思维过程的梳理。重点思考论文的逻辑思路,理清各段落之间的逻辑顺序、层次关系以及每一段落所要表达的观点的理论依据和研究过程、预期的结果等。注意各段落的例证要与段落主题呼应,各段落主题要与论文主题相呼应。

(2)拟定提纲。

构思确定后就要拟定提纲,简要地把主题概括出来,确定每一段落的主题内容,研究方法、实施策略等以标题方式罗列出来,形成一个清晰的思路。论文的结构要按照提出问题、分析问题、解决问题的文体框架进行写提纲。

(3)写草稿。

草稿是写论文中最艰苦的工作,是对论文内容的详细的阐述过程,是对研究主题不断思考、不断凝练、不断深化认识的过程,把能想到的内容写进去,内容要丰富充实。写初稿时要从理论的角度审视自己经验总结中的材料,将其抽象并加以概括,使之上升到理论的高度,并运用一定的理论进行逻辑推导,揭示事物的本质规律。除了运用自己的经验总结材料中的素材之外,还应超越总结中具体的材料和对象,选择那些能够证明论点的带有普遍性的材料。如有些总结中的材料很生动,但不典型,只是个别现象,只能够感染人而没有普遍意义,不能在论文中说明问题。

(4)定稿。

初稿写好后,可以放置一周左右的时间,沉放一段时间,让自己再思考、再打磨,不断修改多次,才能最后定稿,除了修改文字的通顺外,还要再看一些文献,吸收新的理论、观点,充实文章,凝练文字,规范写作。科学表达,结构严谨。仔细推敲每一句话,通过增、减、删除等,使文章重点更突出,对全文的论点、论据、论证反复锤炼,避免重复、空洞的语言,和主题无关的文字要删除。不断优化文章的质量。

(5)列出参考文献。

论文中引用的文献最好是最新文献、重要刊物或著作中的文献。常见的一些重要刊物有:

①学科类,如《化学教育》《化学教学》《中学化学教学参考》等。

②综合类,如《课程、教材、教法》《外国中小学教育》《外国教育研究》《全球教育展望》等。

6.3.1.2　论文的基本结构

我国专门出台了针对报告和论文编写格式的国家标准 GB 7713—87《科学技术报告、学位论文和学术论文的编写格式》,以规范研究报告与论文的写作与格式,便于研究成果的交流与保存。

(1)标题。

论文的标题是文章中心思想的反映,是对全文内容的凝练概括。读者往往首先通过论文标题来了解论文的大致内容,并将其作为是否继续研读的第一道判据。因此,学术论文的标题既要新颖,有吸引力,又必须符合学术规范,具备科学性。论文的标题应言简意赅,不可过长,若难以用集约的语句概括出题目,可以采用正副标题相结合的方式来拟定。

(2)署名。

论文的署名者是参加研究并参与论文写作的主要人员,即通常所说的作者。论文的每一个作者都对文章负有责任,主要责任承担人为通讯联系人。研究工作的主导者或论文的主要写作者一般为第一作者。在署名时,一般还需要注明作者的工作单位等信息。有些期刊还要求附上作者简介，如性别、职称、年龄、学历、主要研究方向等。

（3）摘要。

论文的摘要是对论文内容的准确、扼要且不加任何评论与注释的简单陈述。摘要是继文章标题之后读者选择是否继续阅读的第二道判据。从摘要中，读者可以简要了解研究者的研究背景、研究目的、基本研究方法、实验或调查结果分析的过程、研究结论等。可以说摘要是具有完整逻辑结构、自成一体的短文。摘要中一般不含图表、公式。

（4）关键词。

关键词应是名词或名词性词组，且能够反映论文的主要概念。国家标准 GB 7713—87《科学技术报告、学位论文和学术论文的编写格式》规定，每篇报告、论文应选取 3～8 个词作为关键词。有的外国期刊还专门对不同研究领域的关键词给出选择范围，在向此类期刊投稿时，要注意必须在给定范围内选择关键词。

（5）引言。

引言是整篇论文的开篇部分，在于使读者对研究的背景、研究的目的、研究的历史与现状有所了解，激发读者阅读的兴趣，明确论文呈现的内容的重要意义。因此引言应当简明扼要，条理清晰，分析透彻，文笔简练。

（6）正文。

正文是研究论文的主体部分。正文部分一般包括研究的方法、对象、步骤、结果以及数据资料分析过程等内容。研究过程中出现的问卷、数据、图像、表格等一般在这一部分呈现。

正文是评价论文质量和作者学术水平的核心内容，是对本课题研究的阐述和论证，是全文的精髓，要说明研究过程以及采用的方法，突出创新性，要有理论、有实践，在理论上要有所发展，方法上有所突破，研究过程既要简明扼要，又要完整。结论有新颖性。正文的撰写要注意科学性、规范性，观点要鲜明、支撑论文观点的材料要充分、表达要科学准确、逻辑性要强，能揭示客观真理，尊重事实，论据确凿，言之有理，条理分明。教育研究属于应用研究，论文不能只限于表述自己的观点。理论一大套，颇具声势，而无论证，很少甚至没有佐证材料，这种论文空洞无物、枯燥无味，没有说服力。要克服治学态度上急功近利的思想，要增强实践意识，从研究课题的选择、第一手材料的搜集到研究成果的应用，都要躬身实践，深入研究，努力实践。通过观察、体验、调查研究、实验探索、课堂教学、课外活动等手段，加上现场搜集到的事实和数据材料，与各种文献资料，在思考、分析、研究的基础上，通过联想、推理和升华，获得研究材料。为论证中心论点提供了充分而强有力的论据。目前中学教师经验总结性文章多,论文和经验总结不同,经验总结是对经验材料的一般阐述和概括,反映的往往是个性矛盾的特殊性和一些现象。论文则要用充分的材料,严谨、周密地论证一个明确的观点,对材料进行"去粗取精、去伪存真、由此及彼、由表及里"的加工,从感性认识上升为理性认识,反映矛盾的普遍性和本质观点。论文与经验总结材料的本质区别,就在于能否在实践的基础上综合概括和理性分析。另外,经验总结往往是平铺直叙的概括,比较粗糙,缺少充分的论证,只是总结出心得体会,而论文则是对材料进行精选和处理,用充分的论据来证明观点,因此有强大的逻辑性和说服力。论文的撰写要有思想性,要有严肃的科学态度、辩证唯物主义的思想等。论文要精练,文字叙述要准确、规范、简练。

(7)结论与讨论。

结论是对研究中观察到的事实和收集到的资料、数据进行处理、概括,并在此基础上通过归纳、判断、推理等方法找出研究对象的本质与规律,形成新认识的过程。作者应当依据正文部分的资料得出自己的结论,并对结论进行分析与讨论。结论不宜过长,文字应简洁凝练,措辞严谨,逻辑严密。

(8)致谢。

有的教学研究得到了机构或个人的指导、支持,在这一部分表达谢意是一种礼节与文章书写习惯。

(9)参考文献。

参考文献对衡量学术期刊的质量、保证论文学术质量、继承文献科学价值及提供真实科研信息等有着重要意义。在写论文时,文中都要提及他人的研究成果,这一过程叫作参考或引用。

对于一篇学术论文来说,无疑论文的内容是最主要的,但从科研的规律来看,任何研究都是在前人研究的基础上进行的,所以,学术论文引用、参考、借鉴他人的科研成果,都是很正常的,而且是必需的。它表明作者对与本课题有关的国内外研究现状的了解程度,从中能够发现该课题目前的研究解决了什么问题,没解决什么问题,哪些问题是亟需解决的。参考文献是对期刊论文引文进行统计和分析的重要信息源之一。哪些问题虽然重要但目前仍解决不了的,可能的前景是什么,等等。它也能说明作者是站在一个什么样的高度,以什么为起点进行研究的。如果没有一定的阅读量,就不能反映作者对本领域的研究动态的把握。因而,如实地呈现参考文献不仅表明作者对他人劳动的尊重与承认、对他人研究成果的实事求是的科学态度,也展示作者的阅读量的大小。如果论文中直接或间接地引用了他人的学术观点、数据、材料、结论等,而作者又没能如实地交代出处,则被认为是不道德的甚至会因此而被指控为"剽窃罪"。因此,参考文献要求正确、准确地使用,不能把别人的成果据为己有,更不能随意更改。对于引用的文章内容,要忠实原文,不可断章取义、为我所用;不能前后矛盾、牵强附会;无论引用的是原文或者只是阐述了别人的观点,无论所引用的材料是否已经公开出版,都要明白无误地表明出处。

如实、规范地呈现参考文献也可为同一研究方向的人提供文献信息,使读者能清楚地了解作者对该问题研究的深度和广度。我们在阅读他人的研究成果时,一方面获取他们的研究结论,另一方面也学习他们的研究方法和他们提供的研究信息,参考文献就是信息的最大来源。参考文献对于其他研究人员来说是一个资源,他们依此去获得更多的信息。因此,对作者来说,如实呈现参考文献是其严谨治学态度的体现;对编辑来说,参考文献则是一篇完整的学术论文必不可少的一个组成部分;而对于读者来说,参考文献就是认识问题的一扇窗户、一把钥匙,它便于读者查阅有关资料,进一步评价论文的学术水平及价值,启发读者的思维,便于开展学术争鸣。因此,参考文献是学术论文、研究报告、学术著作不可缺少的组成部分,不可随意"从略",不可马虎了事或错误百出,否则将会使一篇质量和水平较高的论文逊色。

6.3.1.3　论文写作的基本要求

化学教学研究是一种科学研究活动,化学论文作为其成果表达呈现形式也相应地有一定的写作要求。

(1)科学实用,实事求是。

科学性既是研究论文的最基本要求,也是教育研究论文质量高低的基本评判标准。论文写作必须真实可信、实事求是,不可夸大其词,亦不需妄自菲薄。必须保证论文数据的真实性以及研究方法的科学性,力求将具有实际意义的研究成果呈现给读者。需要注意的是,科学性与可读性并不矛盾,对于化学教学研究论文而言,其读者往往包括中学教师以及化学教育专业的本科生、研究生,过于晦涩的写法将降低文章的可读性。优秀的论文应该具备凝练的行文风格、清晰的逻辑结构以及一定的通俗性。

(2)主题新颖,内容充实。

主题是论文的灵魂,新颖的、原创性的主题能够更好地吸引读者,启发读者进行创造性思考。但标题华丽、内容浅薄的文章仍然不是一篇优秀论文。只有在创新主题的基础上,基于教学实践进行全面、深入、系统的研究,研究者才能够在研究过程中"有感而发"、在论文写作时"言之有物",才能保证论文内容的丰满与充实,才能使读者读后能有所收获、思考乃至再创作、再研究。

(3)框架合理,设计巧妙。

作为一篇研究性论文,其框架必须清晰合理,具有层次性,符合行文逻辑。在文章设计上应当符合读者的思维习惯,重点突出,详略得当。表格与图片作为文字论述不可或缺的补充,应合理编排。应选择典型数据或有代表性的资料在论文中呈现,同时注意图表顺序与位置。合理巧妙地在论文中使用非文字资料可以提高研究的可信度与科学性,避免冗长的论述,有力支撑作者的论证,简明突出地表达、强调作者的观点。但在使用插图与表格时要注意严格按照期刊的要求绘制图表,力求规范化、标准化。

总之,研究论文是化学教学研究成果的升华与直接体现,在一定程度上标志着研究者的研究水平与学术能力。为了便于研究成果的发表与传播,研究者最好时常阅读期刊学术论文,明确不同期刊的栏目设置与用稿需求,体会论文写作的精要所在。

6.3.2 化学教学研究专利

专利是一个法律名词,原意是指由国王亲自签署的带有玉玺印章的独占权利证书。在没有法律制度的社会,只有国王才有权授予这种独占权利,因此这种证书具有垄断性。但这种证书没有密封,任何人都可以打开看,所以在内容上这种证书是公开的。因此,垄断性和公开性是这种证书的特点,也是专利至今仍然保留的两个特性。除此之外,专利还具有明确的时间性和地域性。所谓时间性,即专利权在一定时间内有效,保护期满,该发明便成为全社会的共同财富。地域性,指一个国家授予的专利权只在授予国本国有效,对其他国家没有约束力。因此,一项重要的发明创造要在国际范围内得到保护,就必须在多个国家申请专利保护。

一般人们所说的专利就是专利权,这也是专利的核心内容。专利权即法律保障发明者在一定时期内独自享有的利益。在不同的国家,专利有不同的类型。我国《专利法》将专利分为发明专利、实用新型专利和外观设计专利三种类型。并非所有的发明都能申请专利,如我国《专利法》规定,科学发现、智力活动的规则和方法、疾病的诊断和治疗方法、动物和植物新品种、用原子核变方法获得的物质等都不能被授予专利权。对发明专利和实用新型专利而言,还必须具备新颖性、创造性和实用性才可申请成功。

实行专利制度的国家及国际性专利组织在审批专利过程中产生的官方文件及出版物的总称叫作专利文献。具体包括:

(1)详细叙述发明创造具体内容及其专利保护范围的各种类型的专利说明书(可以是印刷型、缩微型、磁盘、光盘等)。

（2）刊载专利文摘、专利题录、专利索引和专利公报的各种出版物。

（3）专利检索工具书和分类表等。

一般而言,专利文献中最受关注的就是专利说明书了。这是花费不多即可买到的技术资料。而申请专利时提交资料的核心也是专利说明书。

在化学领域,专利不仅仅是化学专业研究者或者大学教师科学研究成果的体现形式。在进行中学化学教学研究时也经常会出现新发明,产生新专利。

6.4　教师专业发展的意义及内涵

6.4.1　教师专业发展的重要意义

教师的专业成长是教师在不间断的学习、工作实践、探索、反思总结中,对教育思考、教育教学经验、教学技能由低层向高层、趋于成熟、完善和提升的过程。与自然科学研究不同,教师的专业成长主要指教师人生境界的成长、教育思想的形成、专业知识的增长、教学技能的提高。教师专业成长是一个自我发现的过程,是教师认识自我、发现自我、不断提升自己、发展自己的过程。

教师专业成长的途径主要有:

①职前教育,即师范教育或大学教育。

②职后进修与培训。

③校本研修。

④教师自主成长。所谓自主成长,是指教师个体自觉地根据内在成长需要和动力,结合个人生活实际,通过自我规划、自主学习、自我评价和调适,以实施自我专业发展和自我更新为目的的学习活动。

教师自主成长的特点是:

①成长的动力源于个人的内需。

②学习方式和过程由个人来控制。

③融入每个人的生命生活中,与个人的信念、兴趣、爱好、特长、习惯等个性品质结合在一起。

国家教育发展纲要中提到的未来 10 年教育发展的目标是教育公平、教学质量的提升。教师专业化发展的意义主要有三个方面:①关注教师专业化发展就是关注教学质量;②教师专业化发展就是关注教师自身的幸福和自我价值的实现;③教师专业化发展有利于提升教师社会地位和经济地位。要区分职业与专业人士,职业是社会分工,在众多职业人士中只有少数人能成为专业人士,比如医生、律师、会计师、精算师、法官等,泥水匠是职业人士而不是专业人士,泥水匠干的是技术活,专业人士有一定的社会地位和经济地位,专业人士要具有专业操守、专业精神、专业道德。

6.4.2　教师专业发展的内涵

6.4.2.1　专业精神

不同的职业有不同的道德准则,专业人士更需要不断强化专业精神,如法官以保障司法公正、公平,依据法律办事,以事实为依据,清正廉洁等为专业精神;医生以救死扶伤、尊重生命、珍惜生命为道德准则。

为促进中学教师专业发展,建设高素质中学教师队伍,教育部制定了《中学教师专业标准(试行)》中指出:"中学教师是履行中学教育工作职责的专业人员,需要经过严格的培养与培训,具有良好的职业道德,掌握系统的专业知识和专业技能。"因此教师属于专业人士,要求具备更高的专业精神。

教师的专业精神可以归结为五个方面:

(1)强烈的责任心和使命感。

教师要提高对教育事业和教师职业的认识,要高度认识到教育是为国家、民族奠基的事业,教育是民族振兴和社会进步的基石。教师是一个高尚神圣的职业。要有强烈的责任心和使命感。

(2)尊重与关爱学生。

追求平等是人之所以为人的本性。在一个集体中,其成员受到不平等的待遇时,其自尊心和积极性必然会受到伤害。相反,平等地对待每一个人,则会对每个成员的奋发向上产生极大的激发力。在教育实践活动中,诸多教师之所以能够建立起和谐的师生关系,充分调动每一个学生的积极性,一个很重要的原因,就是他们能满足每一个学生追求平等的内在需要。记得有位教育家说过:哪里有爱,哪里便没有黑暗,哪里便有适宜人的生活。每个学生都希望、也有权利得到教师的爱。然而,在现实的教育生活中,并不是每一个学生都能得到教师的爱。

(3)身教言教并重。

教师对学生的感染力主要在于教师的言行一致,这样的教师才能成为值得学生学习和崇拜的人。

（4）团结协作。

教育不仅仅是教师的工作，教育是一个系统工程，需要学校、家庭、社会共同努力。

（5）终身学习。

在《中学教师专业标准（试行）》的基本理念中对教师提出了终身学习的要求，要求教师要经常"学习先进的中学教育理论，了解国内外中学教育改革与发展的经验和做法；优化知识结构，提高文化素养；具有终身学习与持续发展的意识和能力，做终身学习的典范"。面对不断变化的学生和形势的不断发展，需要教师不断学习新的知识以便和学生能很好地沟通。

6.4.2.2　专业知识

专业知识包括学科知识（化学专业知识）、学科教学知识、教育学知识、对教育对象认识的知识（12～18 岁学生的认知、兴趣、心理发展规律），也包括对学生的行为方式的了解、对学校职能的了解，比如学校如何管理学生，如何奖励、惩罚学生，关于学校开设课程方面的知识等，在《中学教师专业标准（试行）》中要求教师掌握的教育知识有：①中学教育的基本原理和主要方法。②班级、共青团、少先队建设与管理的原则与方法。③教育心理学的基本原理和方法。要求教师了解中学生思维能力、创新能力和实践能力发展的过程与特点，了解中学生身心发展的一般规律与特点，了解中学生世界观、人生观、价值观形成的过程及其教育方法，了解中学生群体文化特点与行为方式等。

6.4.2.3　专业技能

专业化的教师必须具备从事教育教学工作的基本技能和能力。在关于教师技能和能力的研究中，存在着诸多概念表述，如教师基本功、教学技能、教学技巧、教学才能等。这些概念有的在意义上非常接近，有的则在层次上有所差异。

教学技能指教师在教学过程中运用一定的专业知识和经验顺利完成某种教学任务的活动方式。具体来说，教师的专业技能包括教师的教学技巧和教育教学技能两个方面。

（1）教师的教学技巧。

教师的教学技巧在于引导学生的学习活动，并调控课堂气氛与学生的注意力，使教学活动得以顺利进行。教师常用的教学技巧包括：

①导入的技巧:如唤起学生的注意力、刺激学生的学习兴趣等;

②强化的技巧:如适时对学生正确的学习行为给予奖励等;

③变化刺激的技巧:如变换感觉的途径、变换交流的模式、变换语言的声调等;

④发问的技巧:如训练、改善学生的反应,增强学生的参与程度等;

⑤分组活动的技巧:如组织小型的学生小组、鼓励协作等;

⑥教学媒体的运用技巧:如板书的设计、教具的使用、现代化教学手段的掌握等;

⑦沟通与表达的技巧:如书面语言的使用、口头语言的表达、体态语言的运用等;

⑧结束的技巧:如总结学生的表现、提出问题的重点、复述学习重点等;

⑨补救教学的技巧:如学生的个别辅导、学生作业的指导等。

(2)教师的教育教学技能。

①教学技能。

• 教学设计的能力。教学设计的能力指教师在具备基本的专业知识和教学技能的基础上,能够综合运用这些知识和技能,根据课程标准的要求设计出适当的年度和单元教学计划的能力,具体体现为教师掌握和运用课程标准的能力、掌握和运用教材的能力、编写教案的能力。

• 教学计划,并能根据实际情况控制教学情境的能力。教学实施的能力也是多种具体能力的综合,包括选择和运用教学方法的能力、因材施教的能力、课堂教学组织的能力、运用各种教学技巧的能力和教学机制等。

• 教学检查评价的能力。教学检查评价的能力是指教师在教学过程中,搜集资料、运用各种评价方法了解学生的学习状况,以判定教师是否完成了预定的教学目标,学生是否达到了预定的学习目标,从而根据反馈的信息来补救或改进教学工作的能力。具体包括:设定评价目标和评价标准的能力、搜集评价资料的能力、选择和运用评价方法和评价工具的能力、分析或解释评价资料与结果的能力以及反馈矫正的能力等。

②交往能力。

学校教育系统是一个以人为主的工作系统,它每时每刻都离不开人与人的交往,因此我们强调教师与他人的交往能力,首先是与学生的交往。教师要实现有效的教育,要使学生积极主动地投入到教育活动中去,离不开与学生对话和沟通。其次,教师还是教师群体中的一员,需要与其他教师合作。同时,教师还需要与家长、与社区各有关机构中的人员建立合作和相互支持的关系……总之,教师的工作是通过人与人之间的合作和共同活动,对人的发展产生积极影响的工作,故与他人交往的能力是教师的一项基本能力。

③组织与管理能力。

教师在学校教育活动中,面对的主要是由学生个体组成的班集体、学校集体。在组织集体活动、班级活动以及教学活动中,教师必然承担组织者和管理者的责任,这就需要教师具备一定的按教育目的规划教育活动的决策与设计能力、组织能力、协调能力、管理能力,这些能力对教育活动的有效性具有重要影响。

④课程开发与创生能力。

新一轮课程改革倡导开放、民主、科学的课程观,认为教师不应只是教学计划、教材忠实的执行者,更应成为课程的开发者、创生者。特别是在新的课程方案中,国家课程、地方课程、校本课程三级课程管理制度的实施,更加明确要求教师必须参与到课程的开发、组织与管理中来,充分调动、激发自身的创造潜能,增强课程开发与建设能力,从而确保各级课程在实施中能够增值、丰富与完善。因此,课程开发与创生能力是当前课程改革对教师提出的一项新的能力要求。

⑤自我反思与教育科研的能力。

是否具有反思与研究的意识与能力,是区别专业人员与非专业人员的重要标准。长期以来,许多教师满足于传授知识和帮助学生考试得分,无暇也不想做研究,最后导致在教学日益模式化的同时自己也沦为教书匠。因此,要提升教师的专业水平,必须强调反思与科研能力。教师科研能力首先表现为对自己的教育实践和周围发生的教育现象的反思能力,对日常工作保持一份敏感和探索的习惯,不断改进自己的工作并形成理性的认识。教师科研能力的进一步发展则是对新的教育问题、思想、方法等多方面的探索和创造能力,运用多方面的经验和知识,综合地、创造性地形成解决新问题方案的能力,它们使教师的工作更富有创造性和内在魅力。

6.5　推动教师专业发展

推动教师专业化发展是政府、学校、个人共同的责任,政府需要做好教师专业发展的规划,为不同年龄、不同发展阶段的教师的专业化发展提供保障措施,如进修和学历的提升、继续教育、培训等。

从目前教师教育时间来看,培训是教师最长久的福利,研究是教师发展最长久的动力,反思是教师超越经验的最根本途径,而构建教师专业发展的学习共同体则是促进教师自然合作文化的有效载体。教师培训、教师成为研究者、自我实践反思以及构建教师学习共同体应该成为教师专业发展的主要途径。

6.5.1 教师培训

教师培训一般有入职培训和在职进修。入职培训主要针对刚入职的新教师,对他们进行支持、监督、评价等。在职进修主要为进一步提高教师素质或学历而进行的继续教育,形式多种多样,有短期的、长期的,学历的、非学历的,脱产的、半脱产的、非脱产的。

我国一直十分重视教师的在职教育,但是在职培训过分重视学历教育,近年来尤其以提高教师的学位和学历层次为主,也没有形成面向教师教育实践能力提高的培训体系。另外,职前培养、入职培训和在职进修也还处于相互分离和割裂的状态,尚未形成一体化的师资培训体系。这种局面严重制约了教师的专业发展和师资培训的质量。

针对教师培训中存在的问题和挑战,我们对教师教育资源观念和培训模式进行了一些有益的改革尝试。如,我国已经开发了职前职后一体化的教师教育课程体系:鼓励并资助教师短期、在岗以及自修、参观、研讨等多种形式的非学历教育,采用远程学习方式进行教师培训等。但是最明显的改变还是校本培训的兴起和实践,校本培训是近年来教育改革的重要发展方向。校本的含义:一是基于学校,二是在学校中,三是为学校。在教师专业发展和校本之间,我们以为,有必要用一座桥梁把它们紧密地联结起来。

通过校本培训,促进教师的专业发展,正是这样一座桥梁,是学校在探索教师专业发展过程中立足于课程改革实际,立足于学校自身实际,立足于教师个体实际的基础上提出的发展途径。

6.5.2 教师成为研究者

当前,教师专业发展已成为国际教师教育改革的趋势,受到许多国家的重视,也是我国教育改革实践提出的一个具有重大理论意义的课题。在教师专业发展中,教师已由传统的"传道、授业、解惑"转为教育活动的组织者、设计者、合作者。教师这一职业角色、职能的转化要求其自身发展是持续的。因此,教师必须树立正确的发展理念。从国际教师专业化探索过程来看,教师要想获得持续发展,适应教育变革及其新要求,做一名"学习者"是很不够的,更需要教师有能力对自己的教育行动加以反思、研究、改进,即树立"教师即研究者"的专业发展理念。

首先,教师应树立问题意识,善于发现问题。教师可以通过不断反思自己的教育教学活动和效果,以及整理自己的亲身感受和困惑来发现问题;也可以从新的教学观念、思想与自己的教学实践对照中发现问题,通过自己的做法与别人的经验比较来发现问题,甚至可以在与学生、家长的讨论中发现问题。

其次,教师要学习一定的教育科学理论和研究方法。有很多途径可以得到教师教学研究知识和研究方法的学习。比如可以参加相关的培训,可以通过关注关于教育的理论期刊来了解教育理论的前沿和教育实践的焦点并掌握一定的研究知识。教师也可以链接或收藏比较有影响的教育网站,加入一些研究团体等。这样,教师可以与同行交流自己的思想。

最后,应该提倡教师采用行动研究的方法进行教学研究。教育的"行动研究"就是指学校的校长、教师等在实际的教育情境中担任研究工作,制订计划、系统地搜集资料、分析问题、提出改进方案、付诸实施、检验和反省成果,并以研究成果为依据,进行教育改革,提升学校及个人的教育质量。

6.5.3 自我实践反思

所谓教师自我实践反思,是指教师在教育教学实践中,批判性地考察自我的主体行为表现及其行为的依据,通过回顾、诊断、自我监控等方式,或给予肯定、支持与强化,或给予否定、思索与修正,从而不断提高其教学效能的过程。其主要特征有:一是实践性,是指教师教学效能的提高是在其具体的实践操作中,具有强烈的"行动研究"的色彩;二是针对性,是指对教师自我"现行的"行为和观念的解剖分析;三是时效性,是指对"当下"存在的非理性行为、观念的及时觉察、纠偏、矫正和完善,意即可以缩短其成长的周期;四是反省性,是指对于教师自身实践情境和经验,立足于自我以外所作的多视角、多层次的思考,是教师自觉意识和能力的体现。应当强调,这是教师教学效能提高的内在精神和情感基础的前提条件,是这种模式的本质所在;五是过程性,一方面指具体的反思是一个过程,要经过意识期、思索期和修正期,另一方面,它指教师的整个职业成长要经过长期不懈的自我修炼,才可能成为一个专家型教师。

至于教师如何进行反思,有人提出一个很简单的反思问题表,这对开始尝试教学反思的教师来说十分有用。教师的自我实践反思可以从以下这些问题开始:

（1）关于知识基础的反思。作为一个学科教师，我的知识结构和教育理论的长处和短处是什么？我将以什么样的方式弥补这些方面的不足？

（2）关于教育理念的反思。我有什么样的学生观和学习观？我眼中的学生是什么样的？自己在教学和管理学生过程中的思维方式是什么？我的教学理念是什么？我有什么教育理念？

（3）对于教学行为的反思。我的教学行为体现了什么样的教育理念？教学行为和现今的教育理念之间的差距在哪里？为什么有这样的差距，如何改进？

（4）关于反思的反思。我有没有反思？我习惯于反思什么？我是怎么反思的？

6.5.4　构建教师学习共同体

教师的专业发展具有开放性和合作性，它不仅是教师的个体行为，也是教师团队的群体行为。因此在微观上，教师的专业发展必须依赖良好的职业成长环境和群体间的互动氛围，需要一种研修相长的生态环境和良性运行机制，使每个教师在这个由政府和学校创建的平台上发挥个人创造力，施展个人才华，并通过群体中的对话与合作，运用科学、严谨的态度探讨教育教学规律，从而不断对个人的知识、能力和经验进行有效反思与整合，达到发展自我、提升素养和促进专业发展的目的。在这种形势下，教师专业发展就需要一个学习组织的出现，使教师能参与到组织中学习，能充分地利用群体资源，激发个体智慧，并从整体上促进教师专业发展。而教师学习共同体正是基于满足这样需求的学习组织。在这个学习组织中，教师们就共同的话题，围绕着教育教学的内容，展开对话、进行合作和分享经验，从而实现教师共同发展、共同进步的目标和理念。

可以说，教师专业发展需要教师学习共同体，教师学习共同体是应教师专业发展的需求而脱颖而出的。教师学习共同体关注教师群体的学习，重视对学习"过程"和"结果"的研究，积极创设教师合作氛围，引导教师进行持续学习、分享学习，并将所学应用于教育教学实践活动，从而促进教师专业发展，最终使学生受益。

参考文献

［1］朱韶红.学生有效学习与教师专业发展［M］.长春:东北师范大学出版社,2016.

［2］刘炳华,范庆英.基于学科核心素养的初中化学教学设计［M］.苏州:苏州大学出版社,2017.

［3］刘克文.初中化学教师专业能力必修［M］.重庆:西南师范大学出版社,2012.

［4］夏向东.基于化学核心观念的教学实践研究［M］.上海:上海交通大学出版社,2018.

［5］衷明华,衷田田.中学化学教学研究性学习［M］.广州:暨南大学出版社,2015.

［6］张秀莲,陈承声.化学课程与教学论［M］.广州:广东高等教育出版社,2013.

［7］黄燕宁,赵瑞玲,冯英慧.中学化学教师学科专业素养与课堂教学实践［M］.北京:首都师范大学出版社,2013.

［8］魏爱民,强美凤.学生发展核心素养视域下的课堂教学指南——初中化学［M］.长春:东北师范大学出版社,2017.

［9］张贤金,叶燕珠,汪阿恋,等.教师培训中的化学教育研究［M］.厦门:厦门大学出版社,2016.

［10］胡久华,王磊.初中化学教学策略［M］.北京:北京师范大学出版社,2010.

［11］黄燕宁.初中化学有效教学［M］.北京:北京师范大学出版社,2015.

［12］陈淑清.初中化学课堂教学与课程标准一致性研究［M］.北京:科学出版社,2017.

［13］王锋.核心素养视野下初中化学教学策略研究［M］.福州:福建教育出版社,2020.

［14］郭静,薛亮,任程,等.化学课程标准中的模型要求分析［J］.化学教学,2018(8):9-14.

［15］刘学智,陈淑清,王馨若.基础教育视域下教师课程教学质量状况调查与分析——基于初中化学课堂教学与课程标准一致性的视角［J］.东北

师大学报(哲学社会科学版),2017(4):204-209.

[16] 吴俊明.初中化学的育人功能与观念渗透[J].化学教学,2017(2):8-15.

[17] 张贤金,吴新建,叶燕珠,等.课改以来初中化学教学情景创设的现实困境与跨越路径[J].福建教育学院学报,2018,19(9):86-88+129.

[18] 黄燕宁.论核心素养视阈下的初中化学教学[J].中学化学教学参考,2018(5):1-4.

[19] 江乐霄,马愿愿,王伟.初中化学教学中科学探究的特点、问题及实践策略[J].中学化学教学参考,2019(22):1-3.

[20] 王金平.新课程标准理念下初中化学实验教学的探索与实施[J].中国校外教育,2019(32):53-54.

[21] 程伟.基于任务驱动教学法的初中化学教学改进措施[J].教育现代化,2018,5(38):376-377.

[22] 陈岭.初中化学教学中存在的问题及对策[J].中国校外教育,2016(1):148.

[23] 谢芳.实践出真知——实验教学对初中化学教育的重要性[J].读与写(教育教学刊),2019,16(8):111.

[24] 殷静.基于新课程标准理念下初中化学实验教学的探索[J].中国校外教育,2018(20):122-123.

[25] 倪志刚.深化课程改革背景下初中化学教学探微[J].化学教与学,2018(9):12-14+18.

[26] 汤文俊.提升初中化学课堂教学有效性的策略[J].名师在线,2017(16):17-18.

[27] 刘强,胡敏,黎良枝,等.基于初中学生发展核心素养,构建化学学习活动理论模型[J].上海课程教学研究,2017(Z1):106-110.

[28] 张贵红.对初中化学教学中存在的问题及对策分析[J].中国校外教育,2014(29):114.

[29] 张宁.基于发展学科核心素养的初中化学课堂教学设计探析[J].吉林省教育学院学报,2019,35(10):34-38.

[30] 侯宏娟.初中化学教学中存在的问题及对策[J].华夏教师,2018(1):67-68.

[31] 李锦堂.探究新课程下初中化学教学理念的创新[J].黑河教育,2019(3):35-36.

[32] 柴宗红.初中化学教学中存在的问题及策略[J].学周刊,2019(36):44.